Königs Erläuterungen und Materialien
Band 62

Erläuterungen zu

Heinrich Heine

Deutschland.
Ein Wintermärchen

von Wolfgang Pfister

Über den Autor dieser Erläuterung:

Wolfgang Pfister: Abitur 1959 in Bamberg, anschließend Studium der Fächer Deutsch und Geografie in Erlangen und Würzburg. 1964 bzw. 1966 Erstes und Zweites Staatsexamen für das Lehramt an Realschulen. 1974 Erwerb des Pädagogischen Diploms an der Universität Bamberg und Ernennung zum Zweiten Realschulkonrektor, 1986 zum Realschulrektor als Leiter der Graf-Stauffenberg-Realschule Bamberg.

2. Auflage 2005
ISBN 3-8044-1750-7
© 2003 by C. Bange Verlag, 96142 Hollfeld
Alle Rechte vorbehalten!
Titelabbildung: Heinrich Heine
Druck und Weiterverarbeitung: Tiskárna Akcent, Vimperk

Inhalt

Vorwort: Heinrich Heines Anliegen

Der Wert eines literarischen Werkes lässt sich nur unter bestimmten Voraussetzungen ermitteln: Einerseits gehört seine überzeitliche Geltung dazu, andererseits muss die sprachliche Form den darin enthaltenen Aussagen entsprechen. Wenn derartige Texte a-   noch im Unterricht behandelt werden sollen, stellt si   undsätzliche Frage, in welchem Zusammenhang   lchem Aspekt das ausgewählte Werk betrac'   Für Heinrich Heines Versepos *De*   n gilt dies in besonderer Weise: F   e Reaktion auf eigene Erfah-   und mit deutschen Verhältnis-   bei handelt es sich also um ei-   ne Periode, die – nicht nur in D   achen gekennzeichnet ist. Dass in diesen   nerfreuliche Begebenheiten eingearbeitet sind, verwundert deswegen nicht, weil Heines scharfer Blick zu satirischer Darstellung verführt. Dabei nimmt er eine durchaus zwiespältige Haltung ein: So sehr er politische und soziale Bedingungen anprangert, so sehr schätzt er auch manche Vorzüge in Deutschland, unabhängig davon, dass Deutschland sein Heimatland ist und er sich danach von seinem Pariser Exil aus als „heimwehkranker" Schriftsteller sehnt. Bei der Schilderung deutscher Verhältnisse nutzt er seine Eloquenz, die etwas Schillerndes und Verführerisches hat, und seine Fähigkeit, das Beobachtete zu einer grundlegenden Erkenntnis zu gestalten oder gar in bestimmter Absicht zu vergröbern, so dass oftmals erst beim zweiten Hinsehen sein Anliegen erkannt wird. Dass hinter der sprachlichen Glätte vielfach der bittere Kern einer ebenso bitteren Kritik liegt und dass die schonungslose Darstellung verlogener und vor allem reaktionärer Lebensbedingungen nicht nur einer Abneigung, sondern einer Sehnsucht entspringt, muss als Grundlage der oft zwiespältigen Aussagen gewertet werden.

Sein Versepos *Deutschland. Ein Wintermärchen* kann als eines seiner wichtigsten Werke bezeichnet werden. Schon mit dem Titel hat er einen Begriff in den Mittelpunkt seiner Betrachtung gestellt, der bis in die Gegenwart ein Reizthema geblieben ist. Was in der Vergangenheit mit der deutschen Frage in Zusammenhang gebracht wurde, was auch während der deutschen Spaltungen, die nicht auf die jüngste Zeit begrenzt waren, an innerdeutschem Wohl und Wehe durchgestanden wurde, lässt sich mit wenigen Sätzen nicht darstellen. Deutschland war und ist ein Problemland – darüber gibt es keinen Zweifel. Wenn dieses Land mit seiner damaligen Bevormundung durch Preußen in die Nähe des von der Romantik geprägten Begriffes „Märchen" gebracht wird, hat bereits der Titel des Werkes ironisch-satirischen Charakter.

1. Heinrich Heine: Leben und Werk

1.1 Biografie

Jahr	Ort	Ereignis	Alter
1797	Düsseldorf	Geburt am 13. Dezember als erstes von vier Kindern; ursprünglicher Vorname „Harry" wie der Großvater väterlicherseits; Vater: Samson Heine, dem konservativen Judentum verhaftet; Mutter: Peira (Betty) van Geldern;	
1804	Düsseldorf	Israelitische Privatschule; Unterricht in hebräischer Sprache; Wechsel in allgemeine Schule dank kurfürstlicher Gesetzgebung;	6
1810–1814		Übertritt in das ehemalige Jesuiten-Gymnasium; Förderung in Rhetorik und Verslehre durch Jean Baptiste Daulnoy und in Philosophie durch Rektor Schallmayer, den „rheinischen Aufklärer"; Studium der französischen Klassiker, aber auch deutscher Literatur, vor allem der Werke E. T. A. Hoffmanns;	12–16

Jahr	Ort	Ereignis	Alter
1815	Frankfurt/M.	Beginn einer Banklehre;	17
1819–	Bonn	Studium der Rechtswissenschaft,	21–27
1825	Frankfurt/M.	finanziert durch seinen Onkel Salomon Heine;	
	Berlin	Promotion und Wechsel zum evangelischen Glauben;	
1821	Berlin	Besuch des Salons von Rahel von Varnhagen;	23
1822		erste Gedichte;	24
1826/27		*Reisebilder I* (Harzreise) und *II* (Ideen. Das Buch *Le Grand*);	28
1827		*Buch der Lieder*;	29
1829/30		*Reisebilder III* (Die Bäder von Lucca; Die Stadt Lucca);	31/32
1829/30	Hamburg	Wohnsitz in Hamburg-Wandsbeck;	
1830	Helgoland	Wohnsitz in Helgoland;	32
1831	Paris	fluchtartige Übersiedlung nach Paris; von dort zwei Reisen (1843 und 1844) nach Hamburg zu der Mutter;	33
1836		*Die romantische Schule* (Kritik an der politischen Romantik);	38
1840		*Denkschrift*;	42
1843	Hamburg	Erste Reise nach Hamburg; Entstehung des *Atta Troll. Ein Sommernachtstraum.*	45
1844		Zweite Deutschlandreise; *Neue Gedichte*; **Deutschland. Ein Wintermärchen.**	46
1856	Paris	17. Februar: Tod in Paris	58

1.2 Zeitgeschichtlicher Hintergrund: Deutschland zwischen 1815 und 1848

Dass Heines kritische Haltung auch auf die damalige politische und soziale Entwicklung zurückzuführen ist, lässt sich aus den negativen und vor allem konservativen und restriktiven Strömungen erklären, die in Deutschland während der Zeit des Vormärz, also zwischen den Befreiungskriegen 1813/15 gegen Napoleon und der Märzrevolution von 1848 herrschten. Für die geistige und vor allem literarische Entwicklung in Deutschland können innerhalb dieser Zeit fünf Phasen unterscheiden werden[1]: Zwischen 1815 und 1820 herrschte der Geist der enttäuschten Befreiungskrieger und Burschenschaftler. Ausdruck dafür war das Wartburgfest, eine studentische Feier auf der Wartburg bei Eisenach am 18. Oktober 1817 zum Andenken an die Leipziger Völkerschlacht und die Ermordung August von Kotzebues 1819. Dieser hatte durch die Verspottung der patriotischen Burschenschaften den Hass der Liberalen auf sich gezogen. Zwischen 1820 und 1830 bestand relative Ruhe als Auswirkung einer strengen Zensur. Zwischen 1830 und 1835 dominierte die liberale jungdeutsche Periode. Zwischen 1835 und 1840 überwog äußerlich eine Art Biedermeier-Ruhe trotz gelegentlicher Angriffe auf die Restauration durch Metternich. Zwischen 1840 und 1848 wurde die entscheidende Märzrevolution durch die Wahlen zum Frankfurter Pauls-

Vormärz

kirchen-Parlament vorbereitet. Im engeren Sinn kann daher nur diese letzte Phase als „Vormärz" bezeichnet werden.
Die politische Situation war von der sog. Restauration geprägt und somit von dem Bestreben der einzelnen Regierungen im

---

1 vgl. Hermand (1967), S. 359

Deutschen Bund, vornapoleonische Zustände wieder herzustellen und damit das Rad der Geschichte zurückzudrehen. Zwar lebte das etablierte Bürgertum in Ruhe und Beschaulichkeit, in den unteren Volksschichten, die die breite Masse ausmachten, überwogen jedoch Armut und Apathie. So erklärt es sich, dass die Ideen der Französischen Revolution von 1789 auf fruchtbaren Boden fielen, auch wenn Staatstheoretiker betonten, dass die überkommenen feudalen Ordnungen die rechtmäßige Grundlage des Staates seien.

Die äußerst schlechte wirtschaftliche Situation erklärte sich auch aus der starken Zunahme der Bevölkerung: Das Anwachsen der Massenarmut und der steigenden Kindersterblichkeit drohte sich als Sprengstoff zu entwickeln. Zwischen 1816 und 1855 stieg z. B. die Einwohnerzahl Preußens von zehn auf siebzehn Millionen. Die Folgen waren Nahrungs- und Wohnungsmangel. So geht aus einer preußischen Statistik, die sich auf den Zeitraum zwischen 1823 und 1837 bezieht, hervor, dass die Hälfte der Menschen nicht einmal das 40. Lebensjahr erreichte und nur etwa 12 Prozent älter als 70 Jahre wurde.

Gleichzeitig griff die von England ausgehende Industrialisierung auf Deutschland über: Der Eisenbahnbau mit seiner ersten Strecke im Jahre 1835 zwischen Nürnberg und Fürth wurde weitergeführt und entwickelte sich sprunghaft. Seit 1841 gab es in Berlin (Borsig) und München (Maffei) Lokomotivfabriken. Diese aufstrebende wirtschaftliche Entwicklung stand im Widerspruch zur wirtschaftlichen Lage der Menschen und zur politischen Erstarrung eines überkommenen Systems.

Das blieb auf Heine nicht ohne Wirkung, zumal er als Begründer des literarischen Feuilletons und als Berichterstatter seinen Blick auf soziale und politische Verhältnisse richtete. Daher sind viele seiner Texte ironisch und aggressiv, wenn sie auf die Lebensverhältnisse in Deutschland zwischen 1815 und 1848 eingehen.

Seine kritische Haltung führte zum Verbot seiner Schriften und 1831 zur fluchtartigen Übersiedlung nach Paris. Hier traf er den politischen Schriftsteller und Gerechtigkeitsfanatiker Ludwig Börne. Aber auch Karl Marx begegnete er hier und pflegte mit ihm regen Gedankenaustausch. Von Frankreich aus arbeitete Heine als Korrespondent für die „Augsburger Allgemeine Zeitung" und unterrichtete die deutsche Öffentlichkeit mit hervorragenden Feuilletons über das angenehme und liberale Leben in Frankreich – eine Anklage gegen deutsche Verhältnisse, die verstanden wurde.

eine Anklage gegen deutsche Verhältnisse

Als er 1843 zum zweiten Mal sein Pariser Exil verließ, um seine Mutter in Hamburg wiederzusehen, spürte er die Auswirkungen des Wiener Kongresses von 1815 bereits beim Grenzübertritt bzw. bei der peinlich-genauen Kontrolle seines Reisegepäcks. Diese Grenzkontrolle war für ihn ein Beweis für die Wiederherstellung der alten Ordnung der deutschen Staatengemeinschaft, die im Gegensatz zur Liberalisierung durch Napoleon dem einzelnen Bürger erneut grundlegende Freiheitsrechte beschnitt und sogar zur Restauration der eingefahrenen Herrschafts- und Obrigkeitsverhältnisse führte: Die Karlsbader Beschlüsse von 1819 hatten ein „Universitätsgesetz" sowie ein „Pressgesetz" zur Folge, womit der Widerstand liberaler demokratischer Hochschullehrer und der einer kritischen Presse gebrochen werden sollte. Somit war Deutschland, d. h. der Deutsche Bund, im Gegensatz zum liberalen Frankreich keineswegs ein freiheitliches oder zumindest geistig fortschrittliches Gebiet.

Heines negatives Bild deutscher Verhältnisse traf die allgemeine Stimmung unter den Literaten nur zum Teil. Die meisten

Romantiker und Zeitgenossen übersahen die für Heine bedrückende Situation in Deutschland. Sie beschäftigten sich kaum mit sozialen Fragen und bevorzugten naturverbundene Einzelstimmungen oder reflektierten persönliche Bewusstseinslagen. Drei Beispiele sollen exemplarisch die vorherrschende romantische Richtung in Deutschland zeigen:

August Wilhelm Schlegel (1767–1845) richtet in seinem Gedicht *Sinnesänderung* den Blick auf sich selbst oder auf unverbindliche Naturschönheiten.

> *Ich wollte dieses Leben*
> *Durch ein unendlich Streben*
> *Zur Ewigkeit erhöhn.*
> *Ich fragte nicht nach drüben,*
> *Mein Hoffen und mein Lieben*
> *War mir hienieden schön ...* [2]

Romantische Richtung in Deutschland vorherrschend

Ludwig Tieck (1773–1853) zeichnet in *Melankolie* mythische Bilder nach und verwandelt sie zu seiner eigenen introvertierten Sicht:

> *Schwarz war die Nacht und dunkle Sterne brannten*
> *Durch Wolkenschleier matt und bleich,*
> *Die Flur durchstrich das Geisterreich,*
> *Als feindlich sich die Parzen abwärts wandten,*
> *Und zorn'ge Götter mich ins Leben sandten ...* [3]

Joseph von Eichendorff (1788–1857) lenkt die Erinnerung in *Die Heimat* auf persönlich Erlebtes:

---

2 Frühwald (1984), S. 41. Bei den nachstehend aufgeführten Beispielen wurde nur jeweils die erste Strophe zitiert.
3 ebd., S. 147

Denkst Du des Schlosses noch auf stiller Höh?
Das Horn lockt nächtlich dort, als ob 's Dich riefe,
Am Abgrund grast das Reh,
Es rauscht der Wald verwirrend aus der Tiefe, –
O stille, wecke nicht! Es war, als schliefe
Da drunten ein unnennbar Weh ... [4]

In den meisten Gedichten der deutschen Romantiker und Zeitgenossen Heines führt der stimmungsvolle Naturzauber ein Eigenleben und bietet ein einheitliches, geschlossenes Bild, das Ausdruck der eigenen Stimmung ist. Wenn Heine romantisch-verträumte oder naturhafte Töne anschlägt, geht es ihm nicht nur um die Natur, da sie meist abgewandelt oder in ironisch-trivialer Weise verfremdet wird:

Im Rhein, im schönen Strome,
Da spiegelt sich in den Well'n,
Mit seinem großen Dome,
Das große, heilige Köln.

Im Dom da steht ein Bildnis,
Auf goldenem Leder gemalt,
In meines Lebens Wildnis,
Hat 's freundlich hineingestrahlt.

Es schweben Blumen und Englein
Um unsre liebe Frau;
Die Augen, die Lippen, die Wänglein,
Die gleichen der Liebsten genau. [5]

Heines Blick richtet sich trotz der naturhaften Stimmung auf konkrete Situationen der Gegenwart.

---

4 ebd., S. 324
5 ebd., S. 373

Dass die politische Entwicklung in Deutschland der realistischen, z. T. pessimistischen Sicht Heines gerecht wurde, zeigen die Ereignisse[6]. Die in dieser Zeit entstandenen Werke Heines geben dazu den kontrastreichen Hintergrund oder erläutern mit besonderer Schärfe die jeweiligen Fehlentwicklungen, die z. T. auch im *Wintermärchen* angesprochen werden:

1814–1815:

Wiener Kongress: Preußen erhält neben Teilen von Sachsen vor allem Westfalen und die Rheinprovinz.

Gründung der „Heiligen Allianz" zwischen Russland, Österreich, Preußen zum Kampf gegen Liberalismus und Nationalismus;

1817:

Wartburgfest

Wartburgfest der deutschen Burschenschaft für „deutsche Einheit"; Verfolgung durch die Regierungen;

1819:

Einstellung der Reformen in Preußen; das Verfassungsversprechen Friedrich Wilhelms III. wird nicht erfüllt. Statt dessen wird die Erhaltung des am Feudalsystem orientierten Obrigkeitsstaates angestrebt.

Die Karlsbader Beschlüsse beinhalten die Zensur, die Demagogenverfolgung und das Verbot der Burschenschaften.

1830:

Julirevolution in Paris; Louis Philippe von Orléans wird „Bürgerkönig".

Aufstände in Hessen und Braunschweig; Einführung von Verfassungen in Sachsen, Hannover und Kurhessen;

---

6 Im Folgenden zit. n. Fingerhut (1992), S. 16 f.

1832:
Hambacher Fest; Aktivitäten Ludwig Börnes; Verschärfung der Demagogenverfolgung;

1833:
Missglückter Putsch an der Frankfurter Hauptwache;

1834:
Gründung des deutschen Zollvereins unter Leitung von Preußen;

1835:
Bundestagsbeschluss: Das „Junge Deutschland" wird verboten.

1837:
Aufhebung der Hannoverschen Verfassung durch König Karl August; Verhaftung des Erzbischofs von Köln durch Preußen in Zusammenhang mit dem Kölner Kirchenstreit;

1840:
Regierungsantritt Friedrich Wilhelms IV.; trotz anfänglicher Rehabilitierung von „Demagogen" Festhalten am „Gottesgnadentum";

1840/41:
„Rheinkrise" auf Grund der Überlegungen des französischen Kabinetts Thiers, die Rheingrenze als Ostgrenze Frankreichs anzustreben;

1842:
Beginn des Dombaus in Köln; Großbrand in Hamburg;

1843:
Duldung „nationaler" patriotischer Bewegungen durch Preußen; Verbot der *Rheinischen Zeitung* (Redaktion: Karl Marx);

Begegnung Heines mit Marx Übersiedlung von Karl Marx nach Paris und Gründung des *Vorwärts!*; Begegnung Heines mit Marx;

1844:

Hungeraufstände der Weber in Schlesien und Niederschlagung durch preußisches Militär;

1848:

Januar: Marx und Engels veröffentlichen *Das Kommunistische Manifest.*

Februar: Revolution in Paris; Frankreich wird Republik.

März: Revolutionen in Wien, Berlin und München.

1.3 Angaben und Erläuterungen zu wesentlichen Werken

Ein Überblick über das gesamte literarische Schaffen Heines zeigt, welch großen Wert er auf die Lyrik und das Epos gelegt hat. Besonders durch die Form der Versepen gelang ihm die kritische Auseinandersetzung mit Zuständen, die er als „Berichterstatter" mit besonderer Schärfe erkannte. Dazu gehören *Atta Troll. Ein Sommernachtstraum* und *Deutschland. Ein Wintermärchen*. Dass

Nähe zu Shakespeare

schon in den Überschriften die Nähe zu Shakespeare zu finden ist, beweist, welche Bedeutung Heine seinen Werken beigemessen hat.

Als Parallele und direkten Vorläufer zum *Wintermärchen* lässt sich das 1841 entstandene Versepos *Atta Troll* verstehen. Das satirische Werk besteht aus 27 Kapiteln (jeweils „Caput" genannt) und – im Gegensatz zum *Wintermärchen* – aus reimlosen Vierzeilern. Allerdings werden nicht die politisch-sozialen Verhältnisse Deutschlands karikiert, sondern die damals verbreitete politisch tendenziöse Lyrik. Die „Vorrede", die ähnlich derjenigen des *Wintermärchens* das Anliegen des Werkes erläutert, gipfelt in der Feststellung: „Die scheelsüchtige Impotenz hatte endlich nach tausendjährigem Nachgrübeln ihre große Waffe gefunden gegen die Übermütigen des Genius; sie fand nämlich die Antithese von Talent und Charakter".

Diese Aussage ist auch für zahlreiche Gedichte, die meist in Zyklen zusammengefasst sind, zutreffend. Dazu gehören: *Buch der Lieder*; *Neue Gedichte*; *Romanzero*; *Gedichte 1853* und *1854*; *Nachlese*. Von den Prosatexten haben die *Reisebilder* (*Die Harzreise*, 1824; *Die Nordsee*; 1826 und *Italien*, 1828) Bedeutung. Ferner existieren Erzählungen: *Aus den Memoiren des Herrn*

Schnabelewopski, *Florentinische Nächte* und das Fragment *Der Rabbi von Bacherach* sowie *Memoiren*.

Von den Gesamtausgaben sei diejenige aus Heines ehemaligem Verlag genannt: Heinrich Heine. *Sämtliche Werke*. Historisch-kritische Gesamtausgabe der Werke. In Verbindung mit dem Heinrich-Heine-Institut, hrsg. von Manfred Windfuhr (Düsseldorfer Ausgabe). Hamburg: Hoffmann & Campe 1973 ff. (16 Bände).

Ferner existieren weitere Gesamtausgaben, z. B. die des Hanser-Verlages München (1968–1974) oder die des Bibliographischen Institutes Leipzig (1893).

Für den Studiengebrauch ist auch die in fünf Bänden im Aufbau-Verlag Berlin und Weimar 1978 erschienene Ausgabe der Werke Heines geeignet.

2. Textanalyse und -interpretation

2.1 Entstehung und Quellen

Heines Reisebericht liegt ein alltäglicher Vorgang zu Grunde: der Besuch der Mutter, die in Hamburg lebt.
Schon bei seinem Grenzübertritt 1843 von Frankreich nach Deutschland gewinnt der Protagonist den Eindruck, Schlamm, Dreck und Kot des Vaterlandes hätten derart zugenommen, dass es kaum ein Weiterkommen gäbe. Diese Eindrücke betont er in seinem „Vorwort" des *Wintermärchens*. Nicht nur wegen des kalten Monats November sieht er das damalige Deutschland als winterlich erstarrte Landschaft, sondern wegen seiner Erkenntnis, dass sich hier nichts regen könne und keine Hoffnung auf Entwicklung oder gar Erneuerung bestehe. Nicht ohne Grund hat er daher für seine Reiseeindrücke, die er als Gedichtzyklus abfasste, den entlarvenden Titel *Deutschland. Ein Wintermärchen* gewählt. Mit unverschlüsselter Schärfe lassen sich die Begriffe dieser Überschrift ausschließlich negativ deuten: Der Winter als kalte, unangenehme Jahreszeit, der das Reisen beschwerlich macht, steht neben der doppeldeutigen Bezeichnung „Märchen". Dass Heine damit phantastisch-wunderbare Begebenheiten und Zustände schildert, die – aus seiner Sicht – einen von vornherein als unwirklich oder „ausgedacht" gekennzeichneten Zustand spiegeln, gehört zu seiner doppelbödigen Verfahrensweise: Die überzogen negative Sicht einzelner Reiseerlebnisse wird mit seinem Heimatland Deutschland in Verbindung gebracht und soll gleichzeitig auf das phantastisch Unwirkliche in diesem Land hinweisen.

Im Gegensatz zu seinem scharfen, auf freiheitlich-politische Zustände gerichteten Blick äußert sich Heine zu Beginn des *Wintermärchens* nur kurz und unverfänglich zur wirtschaftlich bedrückenden Situation in Deutschland. Sein „kleines Harfenmädchen" (Caput I) singt zunächst mit nicht sofort zu erkennendem Spott mit „wahrem Gefühle/Und falscher Stimme ..." „... das alte Entsagungslied,/Das Eiapopeia vom Himmel,/Womit man einlullt, wenn es greint,/Das Volk, den großen Lümmel" (I/14–28).

Dieses unverbindliche Eingehen auf wirtschaftlich benachteiligte Menschen entspricht Heines Blickrichtung, die fast ausschließlich auf den geistigen Zustand des Landes, auf Freiheit und politische Entfaltungsmöglichkeit und weniger auf Beschreibung des wirtschaftlichen Elends breiter Bevölkerungsschichten gerichtet ist trotz seiner Forderung: „Wir wollen hier auf Erden schon/Das Himmelreich errichten." (I/35–36).

Die nicht sehr schmeichelhaften Zustandsschilderungen Heines waren risikoreich

Wie risikoreich die nicht sehr schmeichelhaften Zustandsschilderungen Heines tatsächlich waren, zeigt sich auch daran, dass sich sein Verleger Campe noch während des Druckes mit der Zensurbehörde auseinander setzte und den Text vorlegte, zumal er es nicht nötig gehabt hätte, da nur alle Veröffentlichungen, die weniger als zwanzig Druck-Bogen hatten, von der Zensurbehörde erfasst wurden. Unabhängig davon wollte Campe das *Wintermärchen* zusammen mit Heines Zyklus *Neue Gedichte* in einem Band veröffentlichen. Dennoch blieb die Zensur nicht aus: Als nach der Thronbesteigung Friedrich Wilhelm IV., der als gebildet, geistreich und sogar witzig galt, entgegen allen Erwartungen Reformen nicht verwirklicht wurden und als Haftbefehle gegen den im Ausland weilenden Heine nicht nur vorlagen, sondern regelmäßig erneuert wurden, kam es am

8. Dezember 1841 zum Verbot von Campes gesamtem Verlag. Etwa gleichzeitig wurden Heines Artikel für die *Augsburger Allgemeine Zeitung* verändert, zensiert oder gar unterdrückt. Vor diesem Hintergrund gewinnt Heines Dichtung *Deutschland. Ein Wintermärchen* aus dem Jahr 1844 besonderes Gewicht.

2.2 Inhaltsangabe

Äußerlich gesehen beschreibt Heine in dem Versepos den Verlauf seiner Reise von Paris nach Deutschland. Dabei nutzt er einzelne Stationen, um über sie zu reflektieren, was zu negativen Aussagen über die Verhältnisse im deutschen Reich führt.

Von Paris nach Deutschland

Allerdings finden sich in diesem somit tendenziös gestalteten „Reisebericht" äußerliche Widersprüche, die sich auf seinen Reiseweg beziehen.

Die Zollkontrolle erfolgt in Köln, nicht in Aachen, wie es im Text heißt.[7] Hier, nicht in Aachen, verbringt Heine eine Nacht, zumal der Aufenthalt in Aachen nur 45 Minuten dauert. Daher müssen die geschilderten Erlebnisse in den Städten des Reiseverlaufes der Rückreise zugeordnet werden, also auch der ausgedehnte nächtliche Gang durch Köln und seine Empfindungen im Dom.

Von Köln erfolgt die Weiterfahrt mit der Postkutsche über Hagen, Unna, Münster, Osnabrück, Bremen bis Harburg.

Von Harburg reist Heine mit dem Schiff am 29. Oktober 1843 nach Hamburg, von dort kehrt er im Januar 1844 nach Paris zurück.

Auch weitere Stationen, die im Text genannt werden, berührt Heine erst auf der Rückreise:

Hannover – Bückeburg – Minden – Teutoburger Wald. Allerdings wird der Kyffhäuser im Gegensatz zu den Ausführungen im Text nicht berührt. Heine benötigt ihn, um seine Verachtung über deutsche Herrschaftsverhältnisse ausdrücken zu können.

Dafür entsprechen die Begegnungen mit den Personen in Hamburg der Wirklichkeit: Er trifft Julius Campe, seinen Ver-

---

7 vgl. Fingerhut (1992), S. 20

leger, den berühmt-berüchtigten Zensor Hoffmann und den Journalisten François Wille.

Dass es Heine letztlich nicht auf die äußerliche Schilderung seiner Reise ankommt, lässt sich schon dem Vorwort des Textes entnehmen: Sein Blick ist auf Zustände, nicht auf Orte oder Gegenden gerichtet. Da Zustände jedoch durch Personen geschaffen werden, ist für Heine deren Charakteristik bedeutsam. Die meist so entstandenen Karikaturen sollen Zeitgenossen bzw. Gestalten aus der Geschichte treffen.

Ob er allerdings auf Grund seiner Beobachtungen mit voller Überzeugung auch zu einer Art sozialistischer Erwartungs- und Erlösungshaltung gelangt, ist nicht überprüfbar. Zwar sagt er schon im Vorwort als eine Art Bekenntnis: „Wenn wir den Gott, der auf Erden im Menschen wohnt, aus seiner Erniedrigung retten, wenn wir die Erlöser Gottes werden … ja nicht bloß Elsass und Lothringen, sondern ganz Frankreich wird uns dann zufallen, ganz Europa, die ganze Welt – die ganze Welt wird deutsch werden!" (S. 5), ob diese Feststellung nicht situationsgegeben und somit kurzlebig ist, lässt sich kaum eindeutig ermitteln. Einerseits findet sich in dieser Aussage eine ironische Anspielung auf den deutschen Patriotismus, andererseits streckt Heine damit seine Hand nach jenen Kräften aus, die er nicht nur in Frankreich, sondern auch in Deutschland auf sich zukommen sieht: die Schubkräfte der Französischen Revolution.

„Das nachstehende Gedicht schrieb ich im diesjährigen Monat Januar zu Paris, und die freie Luft des Ortes wehete in manche Strophe weit schärfer hinein, als mir eigentlich lieb war …" (S. 3).

Schon im ersten Satz des als „Gedicht" bezeichneten Verszyklus' spricht Heine von Vorzügen und Mängeln seines Werkes. Hat er es nötig, eine Entschuldigung voranzustellen? Wenn er zu der Einsicht gelangte, das relativieren zu müssen, was er geschrieben hat, lässt dieses Vorgehen zweierlei Schlüsse zu:

Zum einen könnte er selbst die **formale Anlage** in Frage stellen: Die Nähe seiner Lyrik zum vielfach schlichten Volkslied ist unübersehbar. Das liegt weniger an der Thematik als an der Form. Zum anderen sind Selbstzweifel denkbar, da er Repressionen wegen der **Polemik seiner Aussagen** befürchtete.

Sicher beabsichtigte er, seinem subjektiv empfundenen Unmut ein Ventil zu verschaffen und damit all das, was ihn persönlich kränkte, anzuprangern: Nicht nur die peinlich genaue Grenzkontrolle, auch das Verbot seiner Texte oder die von seinem Verleger durchgesetzten Änderungen.

> Seine tief verwurzelte Abneigung gegen die politischen Verhältnisse in seinem Heimatland

Seine tief verwurzelte Abneigung gegen die politischen Verhältnisse in seinem Heimatland in Form eines Gedichtszyklus' bekräftigt seine Absicht:

Die einprägsamen Verse vermitteln Sachverhalte zunächst auf angenehme Art, so dass erst bei wiederholtem Lesen – bei Vierzeilern handelt es sich in der Regel um die Zeilen 3 und 4 – die tatsächliche Schärfe zu Bewusstsein kommt. Mit wohlklingenden Worten wird auf diese Weise bittere Realität vorgeführt, die in Form der üblichen Prosa zunächst auf Ablehnung stoßen könnte.

Ausgangspunkt seiner Reise ist Paris. Schon im ersten Satz preist er „die freie Luft des Ortes" und begründet so mit Blick auf Deutschland, dass manche Strophe weit schärfer ausgefallen sei, als ihm „eigentlich lieb war". Unter Berücksichtigung der Spannungen zwischen Deutschland und Frankreich kann diese einleitende Feststellung nur als Provokation deutscher Patrioten verstanden werden.

Dennoch hatte Heine Rücksichten zu nehmen. Zunächst stand die Veröffentlichung des Werkes an, und obwohl Campe ein einflussreicher Verleger war, musste er sich den herrschenden Regeln beugen. Als Literat hatte Heine Interesse am Verlag und am Verkauf seiner Produkte, zumal er finanziell darauf angewiesen war. Es spricht letztlich für seine Redlichkeit, dass er zwar zu Abänderungen bereit war, gleichzeitig Anliegen und Ton seines Textes nicht so minderte, dass er sich selbst der Charakterlosigkeit hätte bezichtigen müssen.

Daher finden sich auch nach seiner eigenen Korrektur unverstellte Angriffe auf die Zensur, wenn er vom **fatalen Geschäfte des Umarbeitens** und von Korrektur an seinem Text spricht. Die von ihm genannten **Schellen des Humors**, die darin enthalten sein sollen, sind ein Hinweis auf die in Militärkapellen gebräuchlichen, glockenartigen Instrumente. Heines Hintergedanken werden sichtbar. Anschließend spricht er von einigen **nackten Gedanken**, denen er die Feigenblätter abgerissen habe. Damit bemüht er ein Bild der Ursprünglichkeit und nimmt für sich in Anspruch, als Vordenker für die Sache der Freiheit gelten zu können. Dass er dabei möglicherweise zimperliche oder spröde Ohren verletze, will er durch **Aristophanes**, der ähnlich vorging, nicht entschuldigt wissen, denn dieser sei ein **blinder Heide** gewesen.

Aristophanes, um 445 bis 388 v. Chr., galt in Athen als größter Dichter der attischen Komödien. Als aristokratischer Konservativer geißelte er voller Ironie die religiösen, sittlichen, künstlerischen und politischen Verhältnisse seiner Zeit. Als Heiden werden Nichtchristen oder Nichtmonotheisten bezeichnet. Im Alten und Neuen Testament verstand man darunter auch Nichtjuden, worunter die Menschen zu zählen sind, die ohne Offenbarung und Taufe leben.

> Unverstellte Angriffe auf die Zensur

Wer eine **klassische** Erziehung genossen hat, weiß von den Ansprüchen und Forderungen der allgemeinen Sittlichkeit, deren Vorbild die griechisch-römische Erziehung des Altertums war. In Anlehnung daran verstand man darunter die Erfüllung genormter kultureller Verhaltensweisen.

Wenn gebildete **Töchter** an den Flüssen **Spree** und **Alster** möglicherweise über das Gedicht ihre Näschen rümpfen, meint Heine damit das deutsche Bildungsbürgertum und nennt beispielhaft dessen Verbreitung in Berlin und Hamburg. Im Gegensatz zur einfachen Bevölkerung genossen diese Töchter meist eine hauswirtschaftliche Bildung. Dass Heine diejenigen, die sich über sein *Wintermärchen* erregen, als **Pharisäer** bezeichnet, liegt an der Bedeutung Begriffes. Ursprünglich in der Bibel Angehörige einer altjüdischen und auf Gesetzestreue bedachten Partei, die an der Verurteilung Christi beteiligt waren, werden heute heuchlerische Menschen als Pharisäer bezeichnet.

Für Heine sind sie auch **Lakaien in schwarz-rot-goldner Livree, deren Bierstimmen zu hören seien**. Als Diener am Hof eines Fürsten trugen Lakaien eine Art Uniform, die Livree. War sie schwarz-rot-gold, dann dienten die Lakaien dem preußischen Staat. Lakaien mit Bierstimmen waren für Heine die Mitglieder der Burschenschaft, einer 1815 in Jena gegründeten studentischen Verbindung, die entsprechend der Ideen von **Jahn** und **Luden** nach Vereinigung der einzelnen Landsmannschaften in vaterländischer Gemeinsamkeit strebten.

Der Historiker Heinrich Luden (1780–1847) rief zum Kampf gegen Napoleon auf und beeinflusste die deutschen Burschenschaften, deren Mitglieder Uniformen trugen, die von Heine mit der Kleidung von Lakaien verglichen wird.

Zur militärischen Kennzeichnung eines Truppenverbandes gehörte die **Standarte**, ein Hoheitszeichen in Gestalt einer kleinen, meist quadratischen Fahne. Heines Spott wird durch die Verbindung der Begriffe Standarte und freies Menschentum deutlich, da er das preußische Militär meint, bei dem absoluter Gehorsam in Verbindung mit Drill und Ordnung herrschten. Heine bezeichnet sich als **Freund aller Franzosen** sowie aller Menschen, wenn sie **vernünftig** und **gut** seien, und spielt damit auf die Verhältnisse in Frankreich an, da dieses freiheitliche Land, in dem seit der Französischen

> Heine bezeichnet sich als Freund aller Franzosen

Revolution die Vernunft für angenehme Lebensbedingungen der Bürger sorgte, seinen Wünschen entspricht.

Wenn er mäßigend bemerkt, dass er den **Rhein nimmermehr den Franzosen abtreten** werde, „weil **(mir) der Rhein gehört**", so kennzeichnet dies Heines Bemühen auszugleichen: Die Behauptung, „der Rhein gehört mir" warnt vor allen überzogenen Besitzansprüchen, zumal sie in gleicher Weise sowohl von den Deutschen als auch von den Franzosen erhoben werden könnten. Gleichzeitig geißelt Heine die sinnlosen Auseinandersetzungen zwischen Deutschland und Frankreich.

Anders sieht er den schwelenden Konflikt um **Elsass** und **Lothringen**: Weil es dabei nicht nur um formale Besitzansprüche geht, sondern um Lebensverhältnisse der Menschen in diesen Regionen, sollte ihnen die französische Freiheit mit ihren Rechten nicht entwendet werden, es sei denn, diese Lebensverhältnisse und Rechte würden von Deutschland in gleicher Weise gewährt. Ob Heine eine übernationale Vereinigung von Staaten vorschwebte, lässt sich nicht erkennen, die praktische Umsetzung seiner Forderung auf der Grundlage von Freiheit und Menschenrechten zielt jedoch darauf ab.

Beruhigend stellt er fest: „... **die Elsasser und Lothringer werden sich wieder an Deutschland anschließen, wenn**

wir das vollenden, was die Franzosen begonnen haben."
(S. 5) Damit meint er die Französische Revolution als universelle Demokratie, die für Deutschland

Französische Revolution
als universelle Demokratie

Vorbild sein sollte. Mit deren Zielen
spricht er auch seine Erwartung aus,
schränkt sie jedoch sofort mit scharfer Ironie ein:

> *„Wenn wir den Gott, der auf Erden im Menschen wohnt, aus
> seiner Erniedrigung retten, wenn wir die Erlöser Gottes werden
> ... ja nicht bloß Elsass und Lothringen, sondern ganz Frank-
> reich wird uns alsdann zufallen, ganz Europa, die ganze Welt –
> die ganze Welt wird deutsch werden!"* (S. 5)

In dieser Übertreibung findet sich wieder eine ironische Anspielung auf den deutschen Patriotismus.
Heines Schreckgespenst, wonach die ganze Welt deutsch werde, lässt sich zwar als spöttisch-maßlose Übertreibung der
Sicht des nationalen Empfindens nach dem Wiener Kongress
kennzeichnen, dennoch zeigt es den deutschen Größenwahn,
der wieder ironisch als Universalherrschaft Deutschlands mit
seinem Symbol der deutschen Eiche dargestellt wird. Damit
verbindet sich auch eine weitere Furcht, die in der Feststellung

> *„Wahrhaftig, Schufterle ist nicht tot, er lebt noch immer und
> steht seit Jahren an der Spitze einer wohlorganisierten Bande
> von literarischen Strauchdieben, die in den böhmischen Wäl-
> dern unserer Tagespresse ihr Wesen treiben ... ."* (S. 5 f.)

enthalten ist. Äußerlich bezieht sie sich auf Schillers Drama
Die Räuber, worin einer der Banditen Schufterle heißt. Die
gedankliche Verbindung zu diesem Banditen, d. h. auch zu
den unterwürfigen Redakteuren angepasster Zeitungen, kennzeichnet Heines Beurteilung der Presse in Deutschland. Mit

„Schufterle" meint er Karl Gutzkow (1811–1878), der im Hamburger Verlag von Campe als Lektor arbeitete.

Nicht nur im *Wintermärchen*, sondern auch in andren Gedichten findet sich Heines Kritik an deutschen Zuständen. An zwei Beispielen lässt sich dies aufzeigen:

Warnung

Solche Bücher lässt du drucken!
Teurer Freund, du bist verloren!
Willst du Geld und Ehre haben,
Musst du dich gehörig ducken.

Nimmer hätt ich dir geraten
So zu sprechen vor dem Volke,
So zu sprechen vor den Pfaffen
Und von hohen Potentaten!

Teurer Freund, du bist verloren!
Fürsten haben lange Arme,
Pfaffen haben lange Zungen,
Und das Volk hat lange Ohren! [8]

Nachtgedanken

Denk ich an Deutschland in der Nacht
Dann bin ich um den Schlaf gebracht,
Ich kann nicht mehr die Augen schließen,
Und meine heißen Tränen fließen.

---

8 *Zeitgedichte*, Nr. 3

Die Jahre kommen und vergehn!
Seit ich die Muter nicht gesehn,
Zwölf Jahre sind schon hingegangen;
Es wächst mein Sehnen und Verlangen.
(…)
Deutschland hat ewigen Bestand,
Es ist ein kerngesundes Land,
Mit seinen Eichen, seinen Linden,
Werd ich es immer wiederfinden.

Nach Deutschland lechzt ich nicht so sehr,
Wenn nicht die Mutter dorten wär';
Das Vaterland wird nie verderben,
Jedoch die alte Frau kann sterben.
(…)
Gottlob! durch meine Fenster bricht
Französisch heitres Tageslicht;
Es kommt mein Weib, schön wie der Morgen,
Und lächelt fort die deutschen Sorgen. [9]

Die in diesen Versen enthaltene Angriffslust, die sich in ähnlicher Weise auch im *Wintermärchen* findet und von einseitiger Parteinahme belastet ist, wurde durch Heines Gedankenaustausch mit Karl Marx beeinflusst, den er 1843 bei einer Zusammenkunft junger Intellektueller in Paris traf.

Insgesamt lassen sich die 27 Capita des Verszyklus' als Variationen über ein Thema bezeichnen: Heines Leiden an Deutschland.

---

9 *Zeitgedichte*, Nr. 24

Zu Caput I

Zunächst scheint die Schilderung einer Reise von Frankreich nach Deutschland im Jahr 1843 das Anliegen des

Reise von Frankreich nach Deutschland im Jahr 1843

Erzählers zu sein. Dafür nahm er die Strecke Paris – Lille – Brüssel – Köln[10]. Die Einstimmung zu der Reise beginnt allerdings mit einer negativen Sicht:

Ohne Begründung wird der November als „traurig" bezeichnet. Zwar ist die gedankliche Verbindung von unwirtlichem Wetter und zunehmender Dunkelheit für diesen Monat nichts Außergewöhnliches, dass Heine sie jedoch mit dem Begriff „Deutschland" in Verbindung gebracht hatte, deutet auf eine Absicht:

Deutschland – zumindest im November, aber nicht nur dann – hat nicht nur trauriges Wetter, sondern ist auch ein trauriges Gebiet, in dem sogar der Wind den Bäumen feindlich gesonnen ist. Die Betonung der trüber werdenden Tage entspricht somit der Stimmung des Erzählers, der seine eigene – begründete – Angst-Stimmung meint. Dass nicht das Wetter, sondern die Furcht vor unliebsamen Überraschungen für diese trübe Stimmung verantwortlich ist, zeigt sich sehr bald (I/6): Offensichtlich fühlt sich der Erzähler nicht als normaler Reisender, da er wegen eines alltäglichen Grenzübertrittes „stärkeres Klopfen" verspürt und ängstlich der zu dieser Zeit üblichen Kontrolle entgegensieht. Sein Zustand muss jedoch eine Ursache haben, die der Reisende verschweigt. Dennoch wird beim Lesen allgemeine Anteilnahme hervorgerufen, denn der Reisende ist ein argloser Mensch: Beim Klang der deutschen Sprache entwickelt sich bei ihm ein angenehmes Gefühl – die Patrioten in Deutschland hätten an diesem Besucher Deutschlands ihre Freude haben können.

---

10 vgl. dazu auch Fingerhut (1992), S. 20

Dieser Klang der vertrauten deutschen Sprache entspringt –
so erinnert sich der Erzähler – jedoch dem Gesang eines
Harfenmädchens, wobei die Harfe als Weiterentwicklung der
Lyra als typisch romantisches und gefühlsbetonendes Instru-
ment verwendet wird, dem meist zarte Töne entlockt werden.
Da dieses Mädchen zwar mit „wahrem Gefühle", dafür aber
mit „falscher Stimme" (I/14–15) singt, ist die Empfindung des
Reisenden gemischt: Trotz der aufkommenden Gefühls-
wallung (I/16) hat sich ein Misston eingeschlichen: Über
Deutschland tönt ein falscher Ton.
Die falsche Stimme, d. h. die unwahre Aussage, bezieht sich
im Gesang des Harfenmädchens auf Liebe, Aufopferung, Wiederfinden und vor allem auf eine bessere Welt, „Wo alle Leiden schwinden" (I/17–20).
Dabei werden dem Elend auf der Erde die Wonnen des Jenseits auch mit falscher Stimme und somit als unwahre Aussage entgegengehalten: In diesem Jenseits, das die „bessere
Welt" sei, schwänden nicht nur alle Leiden, sondern „... die
Seele schwelgt/Verklärt in ew'gen Wonnen" (I/23–24).

Anspruch und Wirklichkeit bilden einen harten Kontrast:

Anspruch und Wirklichkeit
bilden einen harten Kontrast

Weil, wie zur Zeit des Vormärz, die
Spannungen zwischen einzelnen Schichten der Bevölkerung
nicht zu übersehen waren und die politischen Kräfte einen
Ausgleich nicht herstellten und somit die Spannungen vor allem zwischen Deutschland und Frankreich bis in das Alltags-
leben vordrangen, bleibt das „Jammertal" (I/21) als verbreite-
tes Elend auf der Welt erhalten.
Nach den ersten sechs Strophen von Caput I, d. h. an der
Stelle, an der vom Wonnegesang des Harfenmädchens berichtet wird, lässt sich die erste gedankliche Zäsur erkennen: Der
– wenn auch nur vorgegaukelte – Höhepunkt ist erreicht. Was

danach folgt, kann höchstens Ausgestaltung dieser Wonnen sein.

Entsprechend der Anlage seiner lyrischen Gedichte werden die „ew'gen Wonnen" sofort entzaubert, weil sie sich als „Entsagungslied", als „Eiapopeia vom Himmel" (I/25–26) entpuppen. Das Versprechen, alle Leiden zu vertreiben, soll und kann nicht eingelöst werden, zumal „Das Volk", der große „Lümmel" (I/28) dies nicht verdient. Als Lümmel, d. h. mit schlechten Umgangsformen ausgestattet, befindet sich das Volk in einer Notlage. Daher muss es eingelullt werden (I/27), um die möglichen Gefahren, die von ihm ausgehen könnten, zu bannen. Nach dieser siebten Strophe, in der die Verlogenheit aller Versprechungen angeprangert wird, findet sich erneut eine gedankliche Zäsur.

Aus herausgehobener Position verkündet der Erzähler nun seine Weisheit, da er die Lügen des Eiapopeia vom Himmel und ihre Verfasser durchschaut hat: Diejenigen, die von Moral und Anstand, d. h. „öffentlich Wasser" (I/32) predigen, sind in Wirklichkeit verlogen und korrupt – „sie tranken heimlich Wein".

Mit der nüchternen Feststellung, dass nicht nur die Bedürfnisse aller Menschen erfüllt werden könnten, sondern dass auch noch Luxus möglich sein werde – „Auch Rosen und Myrten, Schönheit und Lust,/Und Zuckererbsen nicht minder" (I/41–44), scheint der reisende Erzähler eine Hoffnung anzusprechen, deren Erfüllung zumindest von sozialrevolutionären Theoretikern für möglich gehalten wird.

Zuckererbsen als allgemeiner irdischer Genuss erscheinen als das Erreichbare, daher kann auf weitere utopische Wünsche verzichtet werden: „Den Himmel überlassen wir/Den Engeln und den Spatzen." (I/47–48)

Die Ausmalung der verbesserten irdischen Situation fährt fort bis zu der Vision, wonach alle Staaten des nunmehr neu geschaffenen, als „Jungfer Europa" (I/57) bezeichneten Gebietes in einer Art wilder Ehe freiheitlich zusammenleben – das klerikale und von der Restauration geprägte System würde seine Zustimmung zu den in dieser Vision vorgestellten Verhältnissen ohnedies nicht erteilen: Daher wäre der fehlende „Pfaffensegen" (I/61) überflüssig, der Hochzeitsgesang – „Hochzeitskarmen" (I/65) könnte als Ausgleich dafür gesehen werden. Die neue Kraft d. h. die „… Zaubersäfte" (I/74), die der Reisende beim Betreten seines Vaterlandes spürt, bewirken diese sozialrevolutionären Ziele und könnten im Sinne Heines erreicht werden, und zwar so, wie es dem mythologischen Vorgehen der Titanen entspricht, die dafür die Ordnung der olympischen Götter zerstören mussten. (I/75–76)

Die Verwendung von Bildern, Vergleichen und Metaphern führt zur Form der Satire

Bereits am Ende von Caput I fällt eine sprachliche Eigenart auf: Die Verwendung von Bildern, Vergleichen und Metaphern verstärkt Heines Aussagekraft des politischen Anliegens und führt zur Form der Satire, zumal „Zuckererbsen" (I/45) oder die „Jungfer Europa" (I/57) als begehrenswerte Objekte letztlich realitätsfremd sind.

Zu Caput II

Der Verlauf der Reise, der schon in Caput I bei der zweiten Strophe in gefühlsbetonte Berichterstattung umschlägt, besitzt zu Beginn von Caput II einen zwiespältigen Gehalt: Das Harfenmädchen taucht erneut auf und stellt die Verbindung zu Caput I wieder her. Im Gegensatz zu der ersten Begegnung mit ihm erscheint das Trillern und musizieren von der „Himmelslust" (II/1) als wohl tuender Kontrast zum realen Reisevorgang an der preußischen Grenze. Getreu Heines üblichem Verfahren wird die lyrische Stimmung jedoch wieder zerstört: Die Realität der Grenzkontrolle durch die „preußischen Douaniers" (II/3) trifft den Reisenden offensichtlich hart, da die Intimität des Inhaltes seines Reisekoffers nicht gewahrt bleibt.

Die Ironie dieses Vorganges lässt sich schon an der Wortwahl erkennen: Als Deutscher, der seine Werke auch in deutscher Sprache verfasst, nennt Heine die Zöllner „preußische" Douaniers und zeigt damit den Unterschied zwischen Preußen und Frankreich auf: Nicht liberale, der Menschenwürde verpflichtete Franzosen kontrollieren, sondern Preußen suchen „nach Spitzen, nach Bijouterien" (II/7). Damit verstärkt Heine den Kontrast erneut: Spitzen und Schmuckgegenstände stellt er als das Ziel der Durchsuchung dar. Dabei weiß er genau, dass die Suche eigentlich den politisch unliebsamen Bereichen zu gelten hätte, nämlich Pamphleten, Flugblättern oder anderen, von Preußen verbotenen Schriften. Die Einfalt der Zöllner wird durch die Reihenfolge der Durchsuchung und durch den Reim „Schnupftüchern" (II/6) mit „verbotenen Büchern" (II/8) zusätzlich betont. Die möglicherweise aufgespürten „verbotenen Bücher" werden zuletzt genannt und als Nachtrag durch die Konjunktion „auch" bewusst angehängt. Es fällt auf, dass Heine für wichtige Gegenstände die französische Bezeichnung wählt: Nicht von Schmuck, sondern von Bijouterien, nicht von Schmuggelware, sondern von Contrebande (II/11) ist die Rede.

Wie zu Beginn von Caput I enthalten auch die ersten beiden Strophen von Caput II einen unangenehmen Sachverhalt, der diesmal unmittelbar kommentiert wird: Heine nennt die Beamten, die ihre Dienstpflicht erfüllen, „Toren" und setzt seine eigene Beurteilung der Kontrolle gleichwertig neben diejenige der preußischen Beamten. Da seit 1815 auf Grund der Beschlüsse des Wiener Kongresses das Rheinland zu Preußen gehörte – ein Ärgernis für den Franzosenfreund Heine – wurde die Grenze neu gestaltet. Mit der Verhöhnung des Pflicht-

Verhöhnung des
Pflichtbewusstseins der Zöllner

bewusstseins der Zöllner trifft er vordergründig die ausführenden Personen, auch wenn er diese als Eingebundene in das preußische System erkennen müsste. Dass er den Sack und nicht den Esel schlägt, deutet auf seine Zielrichtung hin: Sein Spott soll breite Wirkung haben, auf Hintergründe kommt es ihm dabei nicht an.

Mit vorgezeigter Überlegenheit begründet er sein Urteil über die Zöllner, erläutert, dass seine „Spitzen", die ihm „im Kopfe stecken" (II/12), viel wertvoller seien als der Plunder, nach dem gefahndet werden könne. Auf seine „Satans-Bibliothek" (II/25) weist er ausdrücklich hin und ist deswegen stolz darauf, weil sie nach seiner Ansicht weit gefährlicher sei als diejenige von Hoffmann von Fallersleben (II/28).

Der Vergleich mit August Heinrich Hoffmann von Fallersleben (1798–1874) ist ebenfalls als „Spitze", d. h. als ironische Stichelei, gedacht. Hoffmann von Fallersleben beurteilte die Verhältnisse im Deutschen Reich ähnlich wie Heine und verfasste 1840/41 *Unpolitische Lieder*, die in Wirklichkeit politische Gedichte waren, mit denen die reaktionäre Haltung der einzelnen Regierungen des Deutschen Bundes kritisiert wurde. Im Gegensatz zu Heine, der zwar durch die Zensur eingeschränkt wurde, aber in Campe einen treuen und interessierten Verleger besaß, hatte Hoffmann von Fallersleben schwerwiegende Nachteile zu ertragen, da ihm 1840 die Professur an der Universität Breslau entzogen wurde. Dennoch kritisierte Heine die *Unpolitischen Lieder*, da sie ihm nicht scharf genug waren, als „schlechte Späßchen, um Philister zu amüsieren bei Bier und Tabak"[11].

11 Fingerhut (1992), S. 30

Dass Heine den politischen Hintergrund genau kannte, verrät er unmittelbar nach Strophe 7: So führt er einen Passagier ein (II/29), der die scheinbar notwendige Aufgabe der Erklärung des Vorgehens der Beamten übernimmt. Dadurch schafft er eine gedankliche Zäsur, die ihm die Möglichkeit gibt, den Zollverein nochmals zu schmähen (II/33). Aus Heines Sicht ergaben sich daraus negative Folgen für Deutschland. Wenn das „zersplitterte Vaterland" (II/35) nun eine wirtschaftliche Einheit bilde, ist zwar auch eine politische zu erwarten, möglicherweise auch eine wirtschaftliche Verbesserung, die Eigenständigkeit der Kleinstaaten, die oppositionellen Bürgern dank ihrer Grenzen Asyl gewähren konnten, musste dafür jedoch aufgegeben werden.

Dass Heine dabei der Blick für die wirtschaftliche Verbesserung und das materielle Wohlergehen der Bevölkerung fehlt, zeigte sich schon in seinem „Vorwort" zum *Wintermärchen*. Mit der ironischen Passage von der „Einheit im Denken und im Sinnen" (II/42) betont er das Übergewicht des Geistigen und bekräftigt die Ablehnung patriotischer Gesinnung. Damit stellt er sich gegen die herrschende nationale Begeisterung im deutschen Volk.

> Ablehnung patriotischer Gesinnung

Dennoch ist dieser Vers nicht ohne Hintersinn zu bewerten: Warum sollte sich Heine nicht nach einer Einheit gesehnt haben, wenn damit auch die Freiheit verbunden wäre?

Zu Caput III

Die Fortsetzung der Reise über Aachen wird dazu benutzt, um die Kritik an Preußen, besonders an Zensur und Zollverein, fortzusetzen und zu vertiefen. Dafür setzt Heine schon in der ersten Strophe inhaltliche und sprachliche Parodien ein: Carolus Magnus wird gedanklich, wenn auch formal als falsch gekennzeichnet, mit dem kaum bekannten schwäbischen Dichter Karl Mayer (1786–1870) in Verbindung gebracht. Dieser gehörte zum Kreis der schwäbischen Dichter um Ludwig Uhland (1787–1862), Justinius Kerner (1786–1862) und Gustav Schwab (1792–1850), die Heine wegen ihrer naturverbundenen Lyrik und der Pflege des kleinen landschaftlichen Naturbildes verachtete. Auch die Gegenüberstellung von Magnus und Mayer enthält einen parodistischen Zug: Der Name Mayer leitet sich von major domus ab, also von der historischen Bezeichnung des Heerführers und des königlichen Vorstands der Hofhaltung im Frankreich der Merowinger. Die Vorfahren Karls des Großen eroberten die Herrschaft in Frankreich. Sprachlich unterstreicht Heine seine Parodie durch die Anordnung des Verses: „Man muss ihn nicht verwechseln mit Karl/Mayer, der lebt in Schwaben." (III/3–4) Der Reim „begraben" (III/2) und „Schwaben" (III/4) verdeutlicht somit auch die Polemik, die sich letztlich gegen den bereits begrabenen und unbekannten Dichter richtet.

Wie sehr Heine selbst nach Anerkennung und Sicherheit strebte, zeigt sich nicht so sehr an seiner Furcht, im Dom von Aachen begraben und somit von klerikaler Macht erdrückt zu werden, sondern an seinem Wunsch, „Zu Stuckert", also in Stuttgart, als „kleinster Poet" (III/7–8) leben zu dürfen und somit Sicherheit und Auskommen zu haben. Die von ihm verachteten schwäbischen Dichter hatten zumindest das erreicht, was ihm vorenthalten blieb und wonach er im Grunde auch trachtete.

Dass dieser ersehnte Zustand mit Langeweile erkauft werden muss, räumt er jedoch unmittelbar ein: Sogar die Hunde „flehn untertänig" (III/9) nach einem Fußtritt. Die gedankliche Verbindung zu den zuvor genannten schwäbischen Dichtern, die sich konform und damit „untertänig" verhalten, ist eindeutig.

Die Begründung der Hunde, dass ein Fußtritt für sie wenigstens Abwechslung und Zerstreuung (III/12) brächte, kennzeichnet auch ihre Misere: Um das Elend der Eintönigkeit zu beseitigen, sind sie bereit, sich demütigen zu lassen. Noch in anderer Weise wird die Langeweile an der Kaiserresidenz Aachen begründet: Da die Stadt preußisches Militär beherbergt, kann es dort nur langweilig zugehen. Zusätzlich wird die triste graue Farbe der Militärmäntel (III/17) angeführt als Zeichen eines Zustandes, der nur durch den roten Mantelkragen aufgelockert wird.

Dass Theodor Körner (1791–1813) als Zeuge angerufen wird, um die Symbolfarbe Rot als „Franzosenblut!" (III/19) zu erklären, beweist Heines polemische Haltung diesem gegenüber. Mit Liedern und Schilderungen der Befreiungskriege erwarb sich Körner großes Ansehen. Heine überträgt sein negatives Urteil über das preußische Militär auf das preußische Volk, das wie jenes „hölzern" und pedantisch, mit rechtwinkligen, d. h. militärischen Bewegungen und einem eingefrorenen „Dünkel" beschrieben wird (III/21–24) und das die Prügelstrafe erst vor kurzem abgelegt haben musste, da man an der steifen Haltung den Stock, mit dem es geprügelt wurde, noch erkennen könne (III/27–28).

Die Verhöhnung der Preußen wird mit deren äußerem Erscheinungsbild fort- **Verhöhnung der Preußen** gesetzt: Schnurrbart und Zopf weisen auf Rückständigkeit hin (III/33–34), zu der neuen, 1842/43 eingeführten Uniform der Reiter, die Heine verunglimpfend als „Reuter" kennzeichnet (III/38), gehört auch die verlachte „Pickelhaube" (III/39). Alles sei veraltet: „Das ist so rittertümlich und mahnt/An der Vorzeit holde Romantik/An die Burgfrau Johanna von Montfaucon,/An den Freiherrn Fouqué, Uhland, Tieck." (III/41–44). Die pauschale Verunglimpfung dieser schwäbischen

Dichter setzt sich fort, wobei Heine seinen Spott an Unterwür-
figkeit – „frommes Dienen" oder „ungedruckte Glaubenszeit"
(II/50–51) sind beispielhaft – auslässt. Wiederholt erinnert er
an die Pickelhaube, in deren Spitze der Blitz einschlagen könne, wobei er den Reim „Witze" (II/54), „Spitze" (III/56) oder
„Blitze" (III/60) nicht scheut und damit auf Friedrich Wilhelm
IV., der sich zur geistigen Elite zählte, anspielt.

Dass vor allem der Reichsadler als Symbol eines Herrschafts-
und Hoheitsbereiches seinem besonderen Hohn ausgesetzt ist
und zusammen mit traditionellen Schützenvereinen, den
„rheinischen Vogelschützen" (III/72), ebenfalls verspottet
wird, lässt sich nur als weitere Folge von Heines Polemik
erkennen. Der Aufruf zum Abschuss des Königs in Verbindung mit der gleichzeitig durchgeführten erneuten Kür „Es
lebe der König" (III/76) zeigt nicht nur Heines doppelbödige
Gedankenführung, sondern ist als Hinweis auf die Französische Revolution zu verstehen.

Zu Caput IV

In ähnlicher Weise wie im vorangegangenen Aachen-Kapitel
spießt Heine die ihm verhassten deutschen Eigenarten und
religiösen Verhaltensweisen während seines Besuches in Köln
auf. Dabei stehen der nicht vollendete Dom und der Plan, den
Bau abzuschließen, im Mittelpunkt seiner Kritik. Obwohl
Heine anfänglich diesem Projekt zugestimmt hatte, lehnt er es
jetzt ab, weil sich auch der Preußenkönig der allgemeinen
romantischen und vor allem patriotischen Begeisterung ange-
schlossen hat. Zwar erkennt er die Vorzüge der Stadt und
schätzt die Qualität des hier angebotenen Rheinweines und
weiterer Gaumengenüsse, doch benutzt er seinen angehenden
Alkoholrausch, um seine negativ-phantastischen Beobachtungen ausdrücken zu können. Die Stadt Köln erinnert ihn an

„Legenden aus altverschollener Zeit" (IV/19) – aus dem Mittelalter –, in der „Klerisei" (IV/21) in Form von Rückständigkeit und Grausamkeit herrschten. Als Begründung führt er die Vollendung des nicht fertig gestellten Kölner Domes an und verhöhnt diejenigen, die sich dafür einsetzen. Gedanklich verknüpft er die „Dunkelmänner" (IV/23) mit den Zielen des Humanisten Ulrich von Hutten (1488–1523). Hutten war Anhänger der Reformation und übernahm die nationale Polemik Luthers.

Entsprechend Heines Ablehnung des Christentums wird der Kölner Dom als „Riesenkerker" bezeichnet, in dem die deutsche Vernunft verschmachte (IV/40–44).

> Ablehnung des Christentums

Dass der Dom nicht vollendet wurde, sei Martin Luther zu verdanken. Seither gelte er als Denkmal von Deutschlands Kraft. Obwohl sich die Mitglieder des Domvereines für die Fortsetzung des Baues dieser „Zwingburg" (IV/56) einsetzten, dafür auch von Ungläubigen Geld erbettelten und sogar der große Komponist Franz Liszt Benefizkonzerte veranstalte, werde es nie zum Abschluss des Baues kommen (IV/65). Statt dessen werde man ihn als „Pferdestall" (IV/77) verwenden und die Gebeine der „Heil'gen Drei Kön'ge aus dem Morgenland" (IV/83) an anderer Stelle lagern müssen.

Für Heine sind die Heiligen drei Könige Symbole mittelalterlicher Glaubensdüsternis, deswegen benutzt er sie für seine kirchenfeindliche Haltung. Er bringt sie aber auch in Verbindung mit dem Königtum seiner Zeit und fordert indirekt die Abschaffung der Monarchie (IV/91–92).

Insgesamt kann Caput IV als besonders scharfe Abrechnung Heines mit Institutionen in Deutschland gesehen werden.

Zu Caput V

Der Wanderer beschäftigt sich auf seinem nächtlichen Weg mit dem deutschen Fluss Rhein, mit seiner Grenze zu Frankreich und vor allem mit den national aufgeheizten Stimmungen in beiden Ländern. An der Rheinbrücke beklagt sich „Vater Rhein", dass er „zu Biberich" Steine habe verschlucken müssen, noch viel schlimmer sei aber, dass ihm „das Kränzlein der Ehre" geraubt worden sei (V/ 24). Damit geht Heine auf die überzogenen Reaktionen sowohl Deutschlands als auch Frankreichs ein:

Überzogene Reaktionen sowohl Deutschlands als auch Frankreichs

Wegen der in Frankreich öffentlich geführten Diskussion, ob der Rhein als französische Ostgrenze zu gelten habe, schütteten die Deutschen mehrere Schiffsladungen mit Steinen in den Hafen von Biberich (V/17).

Der Weg des Reisenden zur Rheinbrücke und zum Kölner Hafen wird aber auch dazu benutzt, um romantische Vorstellungen (V/8) und patriotische Bestrebungen der Deutschen zu entlarven.

So wird das patriotische Lied von Niklas Becker „Sie sollen ihn nicht haben,/Den freien deutschen Rhein ..." vom betrübt sprechenden „Vater Rhein" als das eigentliche Unrecht benannt.

Heine ist aber auch enttäuscht von der Reaktion der Franzosen, da er auf Ausgleich beider Staaten gehofft hatte. In gleicher Weise, wie er Niklas Becker verspottet, verspottet er Alfred de Musset wegen seines Liedes „Möge er in Frieden fließen, euer deutscher Rhein ... Aber gebt acht, dass die Trinklieder nicht/die Toten aus ihrem blutigen Schlaf aufwecken". Hier knüpft Heine an sein Vorwort zum *Wintermärchen* an, in dem er nicht nur die deutschen, sondern alle nationalen Strömungen lächerlich macht. Daher gibt er seiner Hoffnung Ausdruck (V/83): „Ein besseres Lied vernimmst du bald".

2. Textanalyse und -interpretation

Dass sich Heine zuvor über die Änderung der französischen Uniform lustig macht (V/60) und darüber lacht, dass die Franzosen mit einem Mal philosophieren und über Kant, Fichte und Hegel sprechen (V/66) und statt „Voltairianer" nunmehr „Hengstenberger" (V/72) werden, beweist seine überlegene Haltung zu dem Konflikt.

Zu Caput VI

Heine verwendet das romantische Motiv des geheimnisvollen Reisebegleiters, der üblicherweise ein Vertrauter ist, und benutzt dafür große Gestalten, z. B. den Violinvirtuosen Niccolò Paganini (1782–1840), den Schriftsteller Georg Harrys (1770–1838), Napoleon oder gar Sokrates. Schon die Auswahl dieser Personen deutet darauf hin, dass alles einer phantastischen Vorstellung entspringen muss. Daher vergleicht sich Heine in Selbstironie mit den genannten historischen Figuren, lässt es dem Leser aber frei, diese Episode ernst zu nehmen.

Dieser geheimnisvolle Begleiter entspringt einerseits einer Angstphantasie mit realem Hintergrund. Heine spürt und fürchtet, auch einen derartigen Begleiter als vermummten, d. h. nicht zu erkennenden „Gast" (VI/11) bei sich zu haben, sogar bei seiner Arbeit am Schreibtisch. Da seine literarische Schreibtischarbeit scharfe Angriffe auf die herrschenden politischen und sozialen Zustände enthält und als kritischer Kommentar der politischen und sozialen Verhältnisse gedacht ist, hat sie Auswirkungen und schafft ihm somit Feinde. Andererseits wird die ganze Szene ironisiert durch die übertriebene Anreicherung mit welthistorischen Gestalten: Heine nimmt seine Vision selbst nicht ernst.

Zwar weiß er, dass das verborgene Richtbeil (VI/15), das der vermummte Gast unter seinem Mantel trägt, nur ihm, dem Verfasser der kritischen Texte, gelten kann, vor allem, wenn bei ihm „Weltgefühle sprießen" (VI/38) und er dadurch zu neuen kritischen Äußerungen angeregt wird, die er „Geistesblitze" (VI/40) nennt. Diese Weltgefühle entstehen nicht aus allgemein verbreiteten Stimmungen, sondern aus der politisch kritischen Situation, wie sie sich aus der Spannung zwischen Preußen und Frankreich entwickelte und von Deutschland aus angeheizt wurde.

Die nicht klar eingestandene, ironisch verbrämte Angst bleibt noch lange bestehen: Als der Reisende nach Jahren in Köln diesen Begleiter nachts wiedertrifft, entwickelt sich eine bedrohlich-unheimliche Situation: Unmissverständlich antwortet der unheimliche Begleiter auf die Frage, was er vorhabe:

> *„Ich bin von praktischer Natur / Und immer schweigsam und ruhig. / Doch wisse: was du ersonnen im Geist, / Das führ ich aus, das tu ich. / … Und gehen auch Jahre darüber hin, / Ich raste nicht, bis ich verwandle/In Wirklichkeit, was du gedacht; / Du denkst, und ich, ich handle"* (VI/53–60).

Heine als der reisende Ich-Erzähler weiß genau, dass das eigene aufrührerisch-spottende Denken zur Voraussetzung und damit zum Auslöser der Tat wird.

Dabei knüpft er an eine überlieferte Tradition im antiken Rom an (VI/66): Dort wurde den Konsuln von ihren Liktoren symbolisch ein Beil vorangetragen, um ihnen Platz zu schaffen oder freizuhalten, aber auch, um die ihnen zukommenden Ehrenbezeichnungen zu sichern, ferner, um ihre Aufträge ausführen zu können.

Das Beil hatte somit doppelte Bedeutung: als Symbol der Macht und als Richtbeil. Nun stellt Heine die Situation umgekehrt dar: Dem Konsul wird vom Liktor mit dem Richtbeil gedroht. Die schlechte Tat als Folge des Gedankens wendet sich gegen denjenigen, von dem der Gedanke ausgeht (VI/72).

Somit richtet nicht der vermummte Gast den reisenden Ich-Erzähler, sondern der reisende Erzähler richtet sich selbst.
Mit dieser überraschenden Wendung gelangt Heine zu einer ironischen Selbsterkenntnis über sich und die Auswirkungen seiner literarisch-kritischen Schriften.

Zu Caput VII

Heines Sehnsucht nach Deutschland mit seinen Vorzügen mischt sich mit der ironischen Schilderung von Überheblichkeit: „O deutsche Seele, wie stolz ist dein Flug/In deinen nächtlichen Träumen!/Die Götter erbleichen, wenn du nahst!/Du hast auf deinen Wegen/Gar manches Sternlein ausgeputzt/Mit deinen Flügelschlägen!" (VII/15–20) Dass dieses deutsche Verhalten letztlich ein Luftschloss ist, zeigt er umgehend: „Wir aber besitzen im Luftreich des Traums/Die Herrschaft unbestritten" (VII/23–24).

Im Traum trifft der Reisende wieder den vermummten Begleiter, dabei steigert sich seine Angst so stark, dass er meint, sein Herz sei aufgeschnitten. Bei dem gemeinsamen Weg durch das nächtliche Köln bestreicht der Reisende in beliebiger Auswahl Türpfosten von Häusern, wobei er das Blut seiner Herzwunde entnimmt (VII/39). Im Gegensatz zum Alten Testament, das im 2. Buch Moses einen ähnlichen Vorgang schildert, bedeutet das Bestreichen der Türpfosten nicht Schutz vor dem Todesengel, sondern Tod für die Betroffenen (VII/46–47). Der nächtliche Weg führt nun in den Kölner Dom, dessen Portale weit offen stehen und in dem „Tod und Nacht und Schweigen" zu finden sind (V/62). Dennoch sieht der Reisende mit Hilfe einiger Leuchter, die als „Ampeln" bezeichnet werden, die „Drei-Königs-Kapelle". Dort erkennt er in einer Vision die begrabenen Könige aufrecht sit-

> Der nächtliche Weg führt
> in den Kölner Dom

zend, wobei sie wie „Hampelmänner" (VII/81) ihre vermoderten Knochen bewegen und vom Besucher Respekt verlangen (VII/88). Allerdings erreichen sie ihr Ziel nicht. Weil im Dom zukünftig „fröhliche Kavallerie" statt Reste der Vergangenheit herrschen sollen, lässt der Besucher die „Skelette des Aberglaubens" mit dem Beil seines Begleiters erschlagen – ein Traum, bei dem er erwacht.

Kritik an verkrusteten
kirchlichen Erscheinungsweisen
und an der Monarchie

Heines Kritik an verkrusteten kirchlichen Erscheinungsweisen und an der Monarchie wird durch das Köln-Erlebnis verdeutlicht.

Zu Caput VIII

Während der Weiterreise, bei der er nicht die Eilpostkutsche, nehmen kann, weil diese schon besetzt ist, muss er sich mit dem halboffenen Wagen begnügen. Wenn ihn auch sein deutsches Vaterland mit schmutzigen Straßen empfängt, durchströmt ihn dennoch süßes Behagen.

Als er durch Mülheim, das heutige Köln-Mülheim, fährt und dort fleißige Menschen sieht, schlägt er zunächst freundlichere Töne an: Trotz schlechten Wetters und Weges empfindet er Mülheim in Erinnerung an seinen letzten Aufenthalt dort im Mai 1831 als angenehm. Die weiß-blau-rote Fahne verhieß den Menschen Freiheit im Sinne Napoleons und die Hoffnung, dass die „magere Ritterschaft", nämlich die Preußen, bald abziehen werden.

Doch diese Hoffnung täuschte, die einst spindeldürren Preußen haben während ihrer langen Anwesenheit „dicke Bäuche" bekommen und sich vom Wein rote Nasen angetrunken (VIII/40). Die Enttäuschung zeigt sich an der traurig herabhängenden Trikolore in Paris, obwohl die Leiche des auf der Insel St. Helena verbannten und mittlerweile verstorbenen Königs

Napoleon am 15. Dezember 1840 in den Pariser Dom zurückgebracht wurde. Zunächst war Napoleon auf der Insel St. Helena, die seit 1650 in englischem Besitz war, begraben worden – die Wendung „die englischen Würmer" (VIII/46) deutet darauf hin.

Zu Caput IX

Mit Ironie berichtet Heine von deutschen, altgermanischen Mahlzeiten, die er in Hagen zu sich nimmt: Sauerkraut, geröstete Kastanien, Stockfische, Bücklinge und Eier, Krammetsvögel und Würste (IX/6–19). Der Höhepunkt seines Spottes findet sich in der Feststellung, dass ein Schweinskopf auf einer zinnernen Schüssel aufgetragen wird, dessen Rüssel mit Lorbeerblättern geschmückt ist – ein „sinnvoller" Brauch, da man in Deutschland berühmte Menschen oder Dichter mit Lorbeer schmückt. Wen Heine mit der Verbindung von Kulinarischem mit Erhabenem direkt meint, ist nicht wichtig – grundsätzlich wehrt er sich gegen das Pathetische des Preußentums.

> Wehrt sich gegen das Pathetische des Preußentums

Zu Caput X

Eine Rast in Hagen und Unna nutzt der Reisende, um die Westfalen und die Studentenverbindung „Guestphalia", der er 1824/25 angehörte, zu verspotten. Er erinnert sich an Trinkgelage (X/16), bei denen schlichte, mit Quarten und Terzen angereicherte Studentenlieder gesungen wurden, aber auch an die Fechtkämpfe der „schlagenden" Studentenverbindungen. Diese Studenten, die einer „schlagenden" Studentenverbindung angehören, werden wegen ihrer einfältigen Freundschaftsbündnisse und ihrer Gefühlsbetontheit als „sentimentale Eichen" (X/28) bezeichnet. Die letzten beiden Strophen sind

nicht nur ironische Anspielungen auf Nationalismus und preußischen Militarismus, wenn er „vor Krieg und Ruhm/Vor Hel-
den und Heldentaten" (X/31–32) warnt, sondern auch eine
Verhöhnung der Segensformel, die am Ende des katholischen
Gottesdienstes steht und mit dem eindeutigen „Amen" als solche gekennzeichnet wird. Hier wiederholt Heine seinen
bereits am Kölner Dom angebrachten Spott als Ausfluss seiner
kirchenfeindlichen Haltung und seiner
Kritik an der konservativen Bevölkerung des Rheinlandes.

Kritik an der konservativen
Bevölkerung des Rheinlandes

Dass Heine am Ende eines Gedichtes stets eine neue Sicht
einführt, lässt sich auch hier feststellen: Die Erwartungen
nach der feststehenden Formel „Er (d. h. Gott) schenke deinen
Söhnen ..." richtet sich auf Kinder. Heine lenkt diese Erwartung um und führt ein „sehr gelindes Examen" ein – die Überraschung als Witz.

Zu Caput XI

Ob Heine tatsächlich an die Möglichkeit eines anderen
Geschichtsverlaufes in Deutschland gedacht hat, wenn das
römische Heer und Publius Quintilius Varus mit seinen drei
Legionen von dem Cheruskerfürsten Arminius, der fälschlich
als Hermann bezeichnet wird, nicht im Jahre 9 nach Christus
besiegt worden wäre, ist deswegen unwahrscheinlich, weil
seinem Spott damit die Grundlage entzogen worden wäre. So
kann er nun Einzelheiten der historischen Entwicklung
Deutschlands erneut, allerdings unter einem anderen Blickwinkel, aufspießen und auf seine gegenwärtige Entwicklung
übertragen.

In gedrängter Aneinanderreihung führt er an, was ihm
zuwider ist: Wie schon bei seinem Grenzübergang betont er
den Dreck in Deutschland, bezeichnet ihn jedoch in Verkeh-

rung der Tatsachen als Grund für die Niederlage des Varus (XI/4), dessen Heer in einen Hinterhalt gelockt wurde, und benutzt den „klassischen Morast" (XI/3), um ihn mit Gesinnungen, Sachverhalten und Personen in Verbindung zu bringen. Ironisch preist der die „deutsche Freiheit" (XI/11) im Gegensatz zu der römischen, die auch in Gallien, d. h. in Frankreich, Geltung hatte. Gleichzeitig spielt er damit auf die Befreiungskriege an, mit denen keine bürgerlichen Freiheiten erkämpft, sondern die Macht der Fürsten wiederhergestellt wurde. Seine Auflistung der Zustände unter römischer Herrschaft enthält die zu strenger Keuschheit verpflichteten Priesterinnen der römischen Göttin Vesta, die „Vestalen" und „Quiriten", nach denen die abfällig behandelten Schwaben als „Quiriten" benannt würden und die, wie ihre altrömischen Namensvettern, alle bürgerlichen Rechte bekämen. Der von ihm bereits verspottete Theologe Hengstenberg, der Heine in seiner *Evangelischen Kirchen-Zeitung* scharf angegriffen hatte, wird nun erneut als „Haruspex" verlacht und damit als Priester, der aus der Lage der Eingeweide bei Opfertieren die Zukunft voraussagt.

Mit der Bezeichnung „Wahrheitsfreunde" (XI/33) sind die publizistischen Kritiker gemeint. Gleichzeitig verbirgt sich dahinter eine Anspielung auf die ebenso bezeichneten frühen Christen, die in Rom bei Spielen von wilden Tieren zerrissen wurden. Die unmittelbare gedankliche Verbindung von dem gefürchteten römischen Kaiser Nero mit „drei Dutzend" Landesvätern soll auch deren Grausamkeit zeigen: Wie der Lehrer Neros, der Philosoph und Tragödiendichter Seneca, müsste sich auch der Philosoph Friedrich Wilhelm Schelling, der 1841 als Geheimer Rat in preußischen Dienst getreten war, selbst die Adern aufschneiden, um der Knechtschaft zu entgehen.

Von diesem Philosophen leitet Heine „Zu unserem Cornelius" (XI/43) über und meint damit den Maler Peter von Cornelius. Dieser hatte 1841 eine Berufung König Friedrich Wilhelms IV. angenommen, nach Berlin zu kommen. Das veranlasste Heine, seine positive Meinung über ihn zu ändern. In ironischer Umkehrung seiner Gesinnung dankt er dem Schicksal, dass er wegen des Sieges im Teutoburger Wald Deutscher hat bleiben dürfen (XI/45–48). Er habe sogar für das von 1838 an errichtete Hermannsdenkmal gespendet (XI/64) – eine unzutreffende Feststellung: Heine spendete für den Kölner Dom.

Zu Caput XII

Doppeldeutige Rede an die „Mitwölfe"

Als Klärung seines eigenen politischen Standortes lässt sich der Bericht der Weiterfahrt in der „Chaise", der Kutsche, verstehen: Nach einem Achsbruch muss der Reisende im nächtlichen Wald ausharren. Als er von Wölfen umzingelt wird und die Gefahr erkennt (XII/9), stellt er fest, dass es sich bei ihnen um Gesinnungsgenossen handelt, die sich in die Dunkelheit zurückziehen mussten. Er hält den „Bestien", die harmloser sind, als es zunächst scheint, eine Rede mit zahlreichen Doppeldeutigkeiten: Schon die Anrede „Mitwölfe" (XII/21) ist fragwürdig, da sich Heine nicht mit allen deutschen Revolutionären solidarisiert hatte. Daher ist in seinem übertriebenen Dank (XII/29) auch Ironie enthalten. Indem er betont, nie von seiner Gesinnung abgewichen (XII/44) und „ein Wolf geblieben" zu sein (XII/47), deutet er an, dass von den ehemaligen Revolutionären einige ihre Gesinnung geändert haben. Ob er das für sich selbst ausschließt, lässt er mit der Wendung „Ich bin ein Wolf und werde stets/Auch heulen mit den Wölfen" (XII/49–50) offen, was die widersprüchliche Aufforderung beweist: „Ja, zählt auf mich und helft euch selbst/Dann wird auch Gott euch helfen" (XII/51–52). „Das war die Rede, die ich hielt,/Ganz ohne Vorbereitung;/Verstümmelt hat Kolb sie abgedruckt/In der „Allgemeinen Zeitung"." (XII/53–56)

Zu Caput XIII

Bei seiner Ankunft in Paderborn denkt der Reisende über die Vergeblichkeit

Vergeblichkeit des Handelns

des Handelns nach: Nicht nur der Wechsel von Licht und Schatten auf der Erde sei Beweis dafür, sondern auch die Vergeblichkeit menschlicher Bemühungen, wie dies in der antiken griechischen Götterwelt bei Sisyphus und den Danaiden gezeigt wurde. Beim Anblick eines Wegkreuzes im „Frührotschein", d. h. im Morgenrot, denkt der Reisende an den vergeblichen Kreuzestod Christi (XIII/20). Die von Ironie über das Schicksal des Erlösers gezeichnete Ähnlichkeit mit demjenigen des Reisenden findet sich in der Frage, die gleichzeitig Vorwurf ist: „Wer hieß dich auch reden so rücksichtslos/Von der Kirche und vom Staate!" (XIII/23–24) Der Haftbefehl aus Preußen gegen Heine und die Zensur seiner Werke lassen trotz des fragwürdigen Gesamtzusammenhanges Gemeinsamkeiten mit dem Gekreuzigten erkennen. Sowohl Heine bzw. der Reisende als auch Jesus hätten anders reden können. Auch die Bergpredigt und damit seine Beziehung zur alttestamentlichen Gesetzgebung hätte schonender abgefasst werden können (XIII/33–36).

Zu Caput XIV

Bei der Weiterfahrt erinnert sich der Reisende des Liedes seiner Amme, das von einem Femegericht, einem erhängten Mörder und von Ottilie, seiner Geliebten, berichtet, die sterbend den Schlussvers „Sonne, du klagende Flamme" singt. Auch eine Königstochter in Anlehnung an das Grimm'sche

Märchen *Die Gänsemagd* findet sich in diesem Volkslied und schließlich ein Pferdekopf, der über einem Tor angenagelt wurde (XIV/39), nachdem das Pferd „sie in die Fremde getragen". Das Lied schildert schließlich das Schicksal von Kaiser Barbarossa, des historischen Kaisers Friedrich I., der im Kyffhäuser mit seinem Heer darauf warte, eines Tages Deutschland befreien zu können. Die romantisch geschilderte Ausgestaltung der unterirdischen Wohnung des Kaisers mit seinem Heer deutet auf die ebenfalls romantische Sicht und damit auf die märchenhafte Hoffnung, dass die noch schlafenden Krieger aus dem Berg ausbrechen werden (XIV/106), um die „Mörder, die gemeuchelt einst/Die teure, wundersame,/ Goldlockigte Jungfrau Germania" (XIV/110–111) zu bestrafen. Der sich direkt anschließende Schlussvers „Sonne, du klagende Flamme!" enthält eine Drohung für die „Mörder": „Wohl mancher ... wird nicht entgehen dem rächenden Strang ..." (XIV/113 und 115). Allerdings erscheint die Hoffnung auf den Ausbruch der Krieger Barbarossas in märchenhaftem Licht als Märchenlied der alten Amme – wieder ist die Ironie Heines nicht zu übersehen.

Heine benutzt die Gestalt des Reisenden und die überzogene, romantisch-national gefärbte Stimmung dazu, um mit dem von ihm erfundenen Volkslied von dem „Märchen der alten Amme" (XIV/118) den Zustand Deutschlands darzustellen: Bei Paderborn ist die Sonne noch die griesgrämige Beleuchterin der „dummen" Erde. Das Femegericht zeigt dabei, dass ordentliches Recht in Deutschland von dunklen Kräften – eben dem Femegericht – verdrängt

Ordentliches Recht in Deutschland von dunklen Kräften verdrängt

wurde. Die Nähe zum gefährlich schwelenden Nationalbewusstsein lässt sich nicht übersehen. Dass der Reisende in der Umgebung Barbarossas Kanonen, Pferdegeschirr oder die schwarz-rot-güldene Fahne erwähnt, ist wieder ein Hinweis auf seine Kritik an der nationalen Stimmung in Deutschland. Unter diesem Blickwinkel erhält der Liedvers eine tiefere Bedeutung: Die Sonne beleuchtet nicht nur das in Deutschland vorhandene Unrecht, sondern erhellt auch die drohende Gefahr für die „Mörder", die mit Kaiser „Rotbart" und dessen noch im Berg eingeschlossenem Heer über das Land einbrechen kann. „Sonne, du klagende Flamme" ist demnach nicht nur als Anklage zu verstehen, sondern als echte Klage in einer Not und damit als Sterbelied für Deutschland.

Zu Caput XV

Der Reisende verfällt während der eiskalten Weiterfahrt durch Regen und Kot (XV/2–4), als der Postillon das Lied „Es reiten drei Reiter zum Tore hinaus" an-

> Erster von drei Träumen: Kaiser Barbarossa zeigt ihm in dem „Wunderberg" seine Schätze

stimmt, in seinen ersten von drei Träumen: Kaiser Barbarossa zeigt ihm in dem „Wunderberg" seine Schätze und Waffen, vor allem aber mit Stolz seine kampfbereiten schlafenden Pferde und Soldaten. Es ist gerade „Löhnungstag" (XV/40), dem verwunderten Besucher versichert er: „Ich zahle einen Dukaten per Mann,/ Als Sold, nach jedem Jahrhundert." (XV/47–48). Heines Ironie über das Auseinanderfallen von Anspruch auf Herrschaft und tatsächlicher Fähigkeit, Herrschaft in gerechter Weise auszuüben, steigert sich noch bis zu den Worten Barbarossas, wonach der Befreiungskampf mit ausreichender Anzahl von Pferden bevorstehen könne: „Ich warte, bis die Zahl komplett,/Dann schlag ich los und befreie/Mein Vaterland, mein deutsches Volk,/Das meiner harret in Treue" (XV/65–68). Dem ironischen Rat des Reisenden, Esel zu nehmen, falls Pferde nicht vorhanden seien, entgegnet der Kaiser mit dem italienischen Sprichwort: „Wer langsam geht, geht sicher" („chi va piano va sano", XV/79).

Des Reisenden bzw. Heines Kritik an dem Spielen mit Kriegsgedanken wird durch Ironie über die fehlenden finanziellen und materiellen Mittel gemildert.

Zu Caput XVI

Zweiter Traum

Der zweite Traum versetzt den Reisenden wieder in den Kyffhäuser zu Barbarossa. Dabei merkt er, dass der Kaiser den Anschluss an den Verlauf der Geschichte verloren hat. Dieser wünscht nun, über deren Entwicklung unterrichtet zu werden. Seit dem Siebenjährigen Krieg (1756–1763), der die Stellung Preußens als europäische Großmacht bestätigte und die koloniale Vormacht Englands über Frankreich festigte, hatte Barbarossa nichts mehr von der Weltgeschichte erfahren. Daher erkundigt er sich nach den ihm noch bekannten Persönlichkeiten, fragt z. B. nach dem Philosophen Moses Mendelssohn, der ein Freund Lessings und der Aufklärung war, ferner nach Anna Luise Karsch, die als „deutsche Sappho" gefeiert wurde, was sie mit der berühmten, um 600 v. Chr. lebenden griechischen Lyrikerin gleichwertig machen sollte. Auch die Geliebte des Franzosenkönigs Ludwig XV., die Gräfin Dubarry, findet immer noch sein Interesse.

Wissenslücken Barbarossas

Der belustigte Besucher füllt die Wissenslücken Barbarossas: Mendelssohns Enkel lebe noch, heiße Felix und habe es mit seinem Christentum sogar zum Kapellmeister gebracht. In dieser Information steckt Heines unausgesprochene Kritik darüber, dass Abraham Mendelssohn, der Vater des Dirigenten, der Bankhäuser in Berlin, London und Paris hatte, zum evangelischen Glauben übergetreten war und seinen Namen in Mendelssohn-Bartholdy umgeändert hatte.

Die beiden Dichterinnen Anna Luise Karsch und deren Tochter, Karoline Luise von Klencke (1754–1802), seien verstorben, dafür lebe Karolines Tochter, Helmine Christiane von Chézy (1783–1856), die nach Heines ironischem Urteil „zärtliche Lieder und anmutige Novellen" geschrieben habe. Die Gräfin Dubarry, König Ludwig XVI. und Königin Antoinette seien „guillotiniert" worden.

Barbarossa kann die geschilderten Vorgänge und Veränderungen kaum fassen, insbesondere die Tatsache, dass auch der König und die Königin bei der Enthauptung an ein Brett angeschnallt wurden, und ruft entsetzt: „Das ist ja gegen allen Respekt/Und alle Etikette!" (XVI/67–68). Der Besucher reagiert mild auf die Ahnungslosigkeit des Kaisers, dessen einstige Größe nun verschwunden ist und den er als „altes Fabelwesen" (XVI/82) bezeichnet. Da nun die Republikaner „an unserer Spitze" seien, erteilt er den Rat: „Das beste wäre, du bliebest zu Haus,/Hier in dem alten Kyffhäuser –/Bedenk ich die Sache genau,/So brauchen wir gar keinen Kaiser." (XVI/93–96).

Zu Caput XVII

Nach dem Kyffhäuser-Traum erkennt der Reisende die bittere Realität seiner Wirklichkeit: „Im wachenden Zustand sprechen wir nicht/Mit Fürsten so widersetzig." (XVII/3–4). Ob Eingeständnis oder Ironie: Der Reisende, der sich als Deutscher bekennt (XVII/6–7), darf sein Ideal nur träumen und es nur im Traum aussprechen. Die „hölzerne Wirklichkeit" des Reisenden und damit Heines Umschreibung der herrschenden Verhältnisse bezieht sich auf die deutsch-romantische Wald- und Eichen-Stimmung. Daher schütteln die Eichen „ernsthaft das Haupt" unter Zustimmung der „Birken und Birkenreiser". Dass der Reisende auf „Birkenreiser" „teurer

Kaiser" reimt und dabei noch um Vergebung bittet (XVII/16), zeigt seinen Spott und beweist das Gegenteil dieses Wunsches. Dennoch lässt sich des Reisenden Sehnsucht nicht übersehen: Diese richtet sich jedoch auf den richtigen Kaiser, mit dem der König von Frankreich gemeint ist. Zusätzlich fügt er die Hoffnung hinzu, „das Guillotinieren" bei Bedarf und aus Gleichheitsgründen nicht nur auf den Adel anzuwenden, sondern auch „Ein bißchen (auf) die Bürger und Bauern" (XVII/27) – alle seien ja „Gottesgeschöpfe". Die veralteten Zustände unter Karl V., unter dem noch das „Halsgericht", also Todes- und Verstümmelungsstrafen angewendet wurden, aber auch noch Stände, Gilden und Zünfte (XVII/32) vorherrschten und somit modrigster Plunder mit „allem Firlefanze", also insgesamt das „Mittelalter", seien leichter zu ertragen als jenes „Zwitterwesen", das sich im Preußentum mit seinem aufgeblasenen militärischen Gehabe, nämlich dem „Kamaschenrittertum" (XVII/41), zeige. Gebetsartig bittet der Reisende den echten Kaiser, das – preußische – Komödiantenpack fortzujagen und die „Schauspielhäuser" zu schließen, in denen die Vorzeit als romantisch verklärte Periode dargestellt und damit auch verhöhnt wird (XVII/45–48).

Insgesamt lässt sich Caput XVII als eine Kampfansage gegen die preußische Vormachtstellung, aber auch gegen romantisierte Vorstellungen hinsichtlich der Vergangenheit erkennen.

Kampfansage gegen die preußische Vormachtstellung

Zu Caput XVIII

Heines bzw. des Reisenden hasserfüllte Ablehnung Preußens rechtfertigt sich bei seiner Ankunft in Minden/Westfalen: Als „feste Burg" erscheint ihm die Stadt, was ihn nicht hindert, das bekannte Lied Martin Luthers: „Ein' feste Burg ist unser Gott/Ein' gute Wehr und Waffen" damit in Verbindung zu bringen. Er nutzt seine gruselig angeregte Phantasie, um sich schauriges Stöhnen und Langeweile in den „dunklen Gräben", die dazu noch langweilig „gähnten" (XVIII/8), vorzustellen und damit den von preußischem Militarismus erfüllten Ort abzuwerten. Von den „Bastionen", den vorspringenden Türmen der Befestigungsanlagen und von dem rasselnden Tor, das nach seiner Einfahrt in die Festungs-Stadt sofort geschlossen wird, fühlt er sich wie in einem Kerker eingesperrt. Seine Reise durch Deutschland empfindet er offensichtlich als Odyssee und vergleicht daher seinen Aufenthalt in

Reise durch Deutschland als Odyssee

Minden mit einem Aufenthalt des Odysseus (XVIII/14–16), der nach der Sage des griechischen Dichters Homer vom einäugigen Riesen Polyphem in die Höhle eingeschlossen wurde. Diesen groben, mit unzureichendem Sehvermögen ausgestatteten und vor allem plumpen Riesen setzt der Reisende mit dem übermächtigen preußischen Reich in Verbindung. – Die Doppeldeutigkeit der Aussagen wird an dieser Stelle wieder sichtbar: Odysseus hatte dem Polyphem das Auge ausgestochen und konnte dadurch aus der Höhle entweichen, eine Absicht, die der Reisende in Minden ebenfalls hat. Gleichzeitig ist das – meist vom Augenarzt durchgeführte – Stechen des Stars eine notwendige Operation, die bei Augenleiden, also Sehfehlern, angewandt wurde. In der Bedeutung, jemandem die Augen zu öffnen, wäre das aus der Sicht des Reisenden etwas Gutes. Doch beim dummen Preußen-Polyphem scheint diese sehend machende Operation nichts zu nützen. Daher verfolgen den Reisenden sogar im Schlaf Angstträume, in denen ihm die „schmutzige Quaste", d. h. eine Klingeltroddel über seinem Bett im Wirtshaus, wie das an einem Haar pendelnde „Damokles-Schwert" vorkommt.

Die Angst des Reisenden, nicht mehr aus der Festung Minden herauszukommen und damit auch nicht mehr zu seiner Frau in der Pariser Rue de Faubourg Poissonnière zu gelangen, ist begründet: Während der Nacht fühlt er im Traum die kalte Hand des Zensors (XVIII/43), vor der er sich wegen seiner kritischen, gegen den preußischen Staat gerichteten Schriften fürchtet. Sinnbild dafür sind die „Gendarmen", die in Leichenlaken gehüllt als Spuk mit Kettengerassel sein Bett umstellen. Dem so Gefangenen droht der Tod, da ihm jede Möglichkeit fehlt, freizukommen.

Dritter Angsttraum

Schließlich befällt den Reisenden nachts ein dritter Angsttraum: Die über ihm schwebende, schmutzige Quaste hat sich in einen schwarzen, d. h. todbringenden Geier verwandelt, der aber dem preußischen Adler gleicht. Wieder wird die Grausamkeit der griechischen Sagenwelt benutzt, um die Abscheu vor preußischen Verhältnissen darzustellen: Wie dem an einen Fels geschmiedeten Prometheus reißt der preußische Adler dem Reisenden täglich die Leber aus seinem Körper, die stets nachwächst und somit den Schmerz unendlich verlängert. Mit der Wendung aus der Passionsgeschichte des Neuen Testamentes „da krähte der Hahn" (XVIII/61) und der damit angedeuteten Erkenntnis der Falschheit des Traumes erwacht der Reisende. Für ihn bedeutet das biblische Krähen des Hahnes nicht die Erkenntnis der eigenen Feigheit, wie es in der Passionsgeschichte dargestellt wird, vielmehr wird es ironisch als plumpes Signal für das Ende des Schlafes benutzt. Die Weiterreise auf „bückeburg'schem Boden" befreit von den Angstträumen und führt in die ehemalige Residenzstadt Bückeburg im Fürstentum Schaumburg-Lippe.

Zu Caput XIX

Des Reisenden Weg führt von Bückeburg nach Hannover, und da ihm wegen des schlechten Wetters der nasse Boden an den Schuhsohlen hängen bleibt (XIX/4) – dieses Bild benutzt der Reisende, um die dramatische Situation zu steigern und um an eine Gestalt der Französischen Revolution zu erinnern, obwohl er in einer Kutsche fährt – zitiert er in umgekehrter Aussage Georges Danton, der während der Französischen Revolution für die Morde an 1600 königstreuen Kirchenanhängern verantwortlich war, seine Flucht ablehnte und geäußert haben soll, dass man sein Vaterland nicht an den Schuhsohlen mitnehmen könne. Die Ironie besteht in dem Vergleich eines historischen Ereignisses mit tragischem Ausgang und einer kaum erwähnenswerten Situation: Danton floh nicht aus Frankreich und wurde hingerichtet. Der Reisende nimmt sein Vaterland, d. h. den Lehm unter den Fußsohlen, mit und kann weiterziehen. Die Erinnerung an seinen aus Bückeburg stammenden Großvater Heymann Heine sowie an seine Großmutter aus Hamburg sind nur Ausschmückungen seiner Reise, die ihn in die saubere und beeindruckende Stadt Hannover führt. Dort herrscht Ernst August, ein für sein Alter sehr rüstiger Edelmann, dessen Soldaten rote Uniformen tragen und den der Reisende spöttisch mit dem Ehrennamen der römischen Kaiser „Ernst Augustus" anspricht. Der Hohn erklärt sich aus dem Charakter des Herrschers, denn besser als alle Leibwächter „Beschütze ihn der mangelnde Mut/Von unseren lieben Bekannten" (XIX/34–36). Die „lieben Bekannten" beziehen sich auf die deutschen Revolutionäre. Die Langeweile des Königs sei letztlich für die Langeweile am Hof verantwortlich, zumal er das abwechslungsreiche Leben in Großbritannien gewöhnt sei und unter der

Krankheit „Spleen", einer Art Lebensüberdruss, der meist zum Selbstmord führe, leide. Seine Amtsgeschäfte bestünden aus dem morgendlichen Anzünden des Kamins und aus dem Herstellen eines Abführmittels, des Lavement, für seine kranken Hunde (XIX/48). Der Spott über die so gekennzeichnete Belanglosigkeit des Königs von Hannover spielt auf sein Einlenken im Jahre 1840 an, nachdem er 1837 einen Verfassungskonflikt verursacht hatte und nunmehr einer Verfassung zustimmte.

Zu Caput XX

Ankunft des Reisenden in Hamburg

Die Ankunft des Reisenden in Hamburg gestaltet sich zu einer freudigen Überraschung für dessen Mutter, die seit 1828 hier lebt. Nachdem ihr Sohn 1831 nach Paris ins „freiwillige Exil" gegangen war, hatte sie ihn „wohl dreizehn Jahr'" (XX/9) nicht mehr gesehen. Seinen Hunger stillt sie mit Fisch, Gänsefleisch und schönen Apfelsinen (XX/13–14). Während der Mahlzeit erkundigt sich die Mutter in scheinbar harmloser Weise nach den Lebensumständen ihres Sohnes, erhält allerdings ausweichende Antworten, sobald das Gespräch in familiäre und vor allem in politische Bereiche gelangt: Fisch und Apfelsinen werden zwar sehr gelobt, zumal die in Hamburg gefangenen aus dem offenen, freien Meer stammen und die Apfelsinen ohnedies nicht in Deutschland wachsen. Die „deutsche Gans" (XX/37) könne allerdings hinsichtlich der Zubereitung der französischen nicht standhalten, denn die Franzosen „stopfen die Gänse besser als wir/Auch haben sie bessere Soßen" (XX/39–40). Diese Wertung bezieht sich auf den deutschen Reichsadler, der mit der von der Mutter in der deutschen Heimat servierten Gans verglichen wird. Zudem seien die Soßen, d. h. das Volk, in Frankreich besser –

ein Hinweis des Reisenden auf die besseren Lebensverhältnisse in Frankreich.

Zu Caput XXI

Bei der Besichtigung der Stätten seiner
Jugend nimmt der Reisende die Folgen des Hamburger Großbrandes vom

> Besichtigung der Stätten
> seiner Jugend

2.–8. Mai 1842 wahr. Erinnerungen an seine erste Liebe (XXI/
7–8) werden geweckt, aber auch an die Druckereien „J. G.
Langhoffs Erben" und „Conrad Müller Wwe.", in denen die
Reisebilder gedruckt wurden, oder an das berühmte Restaurant „Austernkeller". Mit scheinbarer Dankbarkeit erwähnt
der Bericht die bereitwilligen Spenden aus dem ganzen deutschen Reich – zum Einsatz preußischer Truppen für den Aufbau der Stadt kam es jedoch nicht. Der Reisende erfährt, dass
der Schrecken über den Brand von niemandem ersetzt werden könne.

Dieser Schrecken wird gedanklich mit dem Schrecken über
den möglichen Einsatz preußischer Truppen verbunden. Der
Hinweis, dass „Kalkuten", d. h. Truthähne, harmlos seien,
man sich dafür aber „vor der Tücke/Des Vogels, der sein Ei
gelegt/In des Bürgermeisters Perücke" zu hüten habe, zielt auf
die Bemühungen Preußens, mittels der Aufbauhilfe die Freie
und Hansestadt Hamburg dem Zollverein einzugliedern (XXI/
65–68). Der Reisende mahnt mit der Schilderung seines Ab-
scheues vor dem fatalen Vogel, d. h. vor Preußen, unmissverständlich vor dessen Machtstreben.

Zu Caput XXII

Die Veränderung der Menschen nach 13-jähriger Abwesenheit des Reisenden von Hamburg nimmt er besonders deutlich
wahr. Vor allem die Kluft zwischen Reichen und Armen oder

Jungen und Alten scheint ihm groß. Viele von ihnen haben sich bis zur Unkenntlichkeit verändert, z. B. die „alte Gudel" (XXII/13), die er jetzt als herausgeputztes Freudenmädchen wiedererkennt. Auch seinen Freund, den stark gealterten „Papierverkäufer" Eduard Michaelis (1771–1847) trifft er, ferner begegnet er einem unliebsamen Menschen, den er nicht benennt und der mit dem Hamburger Literaten Christian Friedrich Wurm (1803–1859) oder mit Adolf Halle (1798–1866), dem später geisteskranken Schwiegersohn Heines, Solomon, identisch ist. Abfällig bezeichnet er dessen Geist als „abgebrannt" in Anspielung auf die Brandkatastrophe, was jedoch dank der Brandversicherung bei „Bieber", d. h. bei Georg Ehlert Bieber (1761–1845), dem Bevollmächtigten einer Hamburger Brand-Versicherung, nicht weiter ins Gewicht falle. Dass nicht mehr alle alten Bekannten am Leben seien, wie der von Heine verspottete „Gumpelino", womit der Bankier Lazarus Gumpel gemeint ist, der während des Hamburger Aufenthalts Heines am 9. November 1843 gestorben war, erwähnt der Reisende ebenso beiläufig wie den Tod des „krummen Adonis" oder den des „treuen Pudels" seines Verlegers Campe, wobei er voller Spott hinzufügt, dieser hätte „lieber ein ganzes Schock/Schriftsteller verloren" (XXII/47–48).

Die Mitglieder des Hamburger Senates werden ebenfalls erwähnt, wobei er die Unterteilung in Juden und Christen dazu benutzt, um die 1816 erfolgte Spaltung der Juden in neue, d. h. „widersetzige", und alte, „aristokrätzige" zu verhöhnen. Dass er die Christen wegen ihrer guten Zahlungsmoral lobt, ist ein weiterer Stich gegen die Juden.

Stich gegen die Juden

Zu Caput XXIII

Der Aufenthalt des Reisenden gestaltet sich angenehm wegen der Bewirtung durch seinen Verleger Campe im Feinschmeckerlokal „Lorenz" und neuer Bekanntschaften wie den Hamburger Arzt Chaufepié oder alter Studienfreunde, wie François Wille und Friedrich August Fucks. In Dankbarkeit gelobt der reisende Schriftsteller, einem derart großzügigen Mann wie Campe niemals untreu werden zu wollen. Dennoch lässt sich bei dem Trinkspruch des Reisenden bereits wieder eine, wenn auch gemilderte, Ironie erkennen, wenn die unterschiedlichen Interessen eines Unternehmers und eines freien Schriftstellers berücksichtigt werden: „Der Campe ist wirklich ein großer Mann,/Ist aller Verleger Blüte" (XXIII/27–28). Kurz danach wird mit der Verbindung des Namens Campe und dem „Schöpfer in der Höh'" (XXIII/33) die Form des Dankgebetes noch verstärkt und gleichzeitig verhöhnt.

Als der Reisende schließlich nachts auf der „Drehbahn", der Hamburger Dirnenstraße, in „weicher" Stimmung, d. h. angetrunken, von der weiblichen Schönheit aller Frauen überzeugt ist (XXIII/56), trifft er „ein wunderbar/Hochbusiges Frauenzimmer" (XXIII/59–60), das ihn nach seiner dreizehn Jahre währenden Abwesenheit wieder erkennt und begrüßt (XXIII/78). Dabei stellt es fest, dass der Reisende noch derselbe sei und es auf eine „kleine Mamsell,/So eine welsche Lorettin" (XXIII/106), benannt nach dem Pariser Dirnenviertel in der Nähe der Kirche Notre-Dame de Lorette, abgesehen habe. Er habe sich jedoch verrechnet, denn sie selbst sei während der vergangenen Zeit „eine feine,/Anständ'ge, moralische Person" (XXIII/102–103) geworden und sogar als „Ham-

> Begegnung mit Hammonia, der Schutzgöttin Hamburgs

monia" zur Schutzgöttin Hamburgs aufgestiegen. Dass sie um dreizehn Jahre gealtert sei, verkündet sie damit warnend ihrem ehemaligen Bekannten. Dieser folgt ihr dennoch auf der Stelle – „Schreit du voran, ich folge dir,/Und ging' es in die Hölle!"

Nicht nur die Wirkung des Rheinweines, sondern die Verblendung des Reisenden, sich nach dreizehn Jahren Abwesenheit wieder mit einer deutschen, überstarken Kraft zu verbinden, gibt dieser Stelle den bösen politischen Sinn. Schon zuvor schien er in Hamburg durch seinen Verleger käuflich gemacht worden zu sein. Nun ist diese Käuflichkeit zum Freudenerlebnis geworden.

Zu Caput XXIV

Der Weg über die „Sahltrepp'" führt in Hammonias „Kämmerlein", wo sie ihm ihre Zuneigung gesteht, die jedoch einen anderen als den in diesem Milieu üblichen Grund hat: Statt des bisher verehrten Dichters Friedrich Gottlieb Klopstock, dessen Büste auf ihrer Kommode steht und der lange in Hamburg lebte und der Verfasser des religiösen Epos *Der Messias* ist, verehre sie nun ihn, deswegen hänge sein von Lorbeer umkränztes Bild über ihrem Bett. Als Begründung führt Hammonia die Schriften des Besuchers an, allerdings gesteht sie auch ein, wegen der darin enthaltenen Maßregelungen „zuweilen tief verletzt" (XXIV/23) worden zu sein. Sie erbitte in Zukunft mehr Toleranz, auch für Narren.

Heimweh

Auf die Frage, wie er dazu komme, im Winter nach Norden zu fahren, nennt der Reisende unmissverständlich sein Heimweh, das so stark gewesen sei, dass er sogar die französische Luft als beklemmend empfunden habe (XXIV/44). Ganz romantischer Stimmung hingegeben, erläutert er seine Sehnsüchte: Torfgeruch und deutscher Tabaksdampf. Aber auch seine Mutter in Hamburg-Dammtor mit ihrer Schwester wolle er wiedersehen. Ferner sehne er sich nach dem „edlen alten Herren", seinem Onkel und Bankier Salomon Heine (1767–1844), bei dem er in die Lehre gegangen war. Obwohl der Onkel ihn oft „ausgescholten" habe, sei er doch von ihm immer großmütig beschützt worden.

Weil er in weicher Stimmung sei, habe er seiner „Göttin" Hammonia sein Herz geöffnet – sie könne jedoch „seine Seele sehr erfrischen/Durch eine gute Tasse Tee;/Du musst ihn mit Rum vermischen." – ein für Heine wieder bezeichnender Schluss auf einer anderen, sogar humoristischen Ebene.

Zu Caput XXV

Hammonia serviert ihrem Besucher in klassischer Weise Tee mit Rum, sie selbst beschränkt sich auf Rum – im Gegensatz zu ihr braucht der Reisende einen klaren Kopf. Ihre politische Analyse der Situation in Deutschland beweist, wie gut sie die Verhältnisse dort kennt und wie sie ihren Besucher beurteilt. Mit weiblicher Klugheit betont sie ihre Sorge um sein Wohlergehen. Wenn er nach Frankreich zurückkehrte, wäre er nicht nur dem sittenlosen Paris (XXV/10), sondern auch der Gefahr der verbreiteten Geschlechtskrankheit Syphilis wegen der verführerischen Mädchen, der Sylphiden (XXV/18), ausgeliefert. Hammonias tiefere Begründung zielt auf das Gefühl ihres Besuchers: In Deutschland werde es ihm in Zukunft deswegen besser als ehemals ergehen, weil die Zensur nicht mehr so streng und der Zensor Hoffmann in seinem Urteil milder geworden sei. Auch er selbst sei ebenfalls älter und milder und sehe die Wirklichkeit nun in „besserem Lichte" (XXV/36). Eigentlich sei es dem Volk nicht schlecht ergangen, nur wenige hätten unter der Knechtschaft zu leiden, diese sei aber, wie im antiken Rom, durch „Selbstentleibung" (XXV/40) zu überwinden.

Die längst erfolgte innere Übereinstimmung Hammonias mit ihrem Gast zeigt sich in der Ironie dieser Aussage und in der zunehmenden Anpassung der Gefühle: Das Leiden des Gastes wegen seines, wenn auch freiwilligen, Exils, und die damit verbundene Stimmung beschreibt sie mit der gleichen ironischen Schärfe wie einst ihr Besucher. Die Poesie werde absterben und mit ihr die Könige, nicht nur der „Mohrenkönig" Freiligraths und damit die von ihrem Besucher verspottete Dichtergeneration. Die materiellen Güter werden zwar gesichert sein, dafür poltere jedoch ein „Spektakelstück" (XXV/67) heran, das die bisherige Idylle zerstöre. Sie, Hammonia, wolle ihm die Zukunft seines Vaterlandes unter dem Siegel der Verschwiegenheit zeigen – die Neugier treibt den Besucher zum fatalen Schwur, seine bevorstehenden Visionen für sich zu behalten.

Zu Caput XXVI

Hammonia rollt die Geschichte Deutschlands vor ihrem Gast auf

In Erfüllung ihres Anliegens rollt Hammonia die Geschichte Deutschlands vor ihrem Gast auf: Karl der Große habe wenige Tage vor seinem Tod im Jahre 814 Hamburg gegründet und sei noch mächtiger als Friedrich der Große gewesen, eine Anspielung an den Preußenkönig Friedrich Wilhelm IV. Der Stuhl, auf dem Karl der Große während seiner Krönung saß, stehe in ihrem Zimmer, der Besucher könne ihn besichtigen und in die „runde Öffnung" des darunter angebrachten Kessels blicken. Dort sei die Zukunft zu erkennen, allerdings dürfe man nicht vor den Miasmen, den giftigen Dämpfen, zurückschrecken (XXVI/36) – die Verhöhnung des Orakels von Delphi mit ihrer Priesterin Pythia, deren Rolle nun von Hammonia übernommen wird, lässt sich nicht übersehen.

Mit dem Blick in die Kloake, aus der der Duft von „sechsunddreißig Gruben", d. h. von sechsunddreißig Bundesstaaten, aufsteigt, erhält der Besucher einen für ihn nicht zu ertragenden Blick in die Zukunft Deutschlands. Trotz der Erinnerung an einen Ausspruch des großen Führers der Französischen Revolution, Louis Antoine de Saint-Just (1767–1794), wonach man die große Krankheit nicht mit Rosenöl und Moschus heile, übersteige das nunmehr gesehene sogar die Zustände im damaligen Frankreich.

Mit einer Liebeserklärung sucht Hammonia dennoch ihren Besucher zu überreden, bei ihr in Deutschland zu bleiben. Damit dies gelinge, müsse der „Deckel darauf! Damit uns nicht/Der Missduft die Freude vertrübet" (XXVI/73–74). Mit ihrem „Lustgefährten" erträumt sie sich eine annehmbare Zukunft in Deutschland, auch wenn sie voraussieht, dass Zensur (XXVI/101–104) und damit geistige Unfreiheit weiterhin bestehen werde.

Zu Caput XXVII

Der Abschluss des überwiegend negativen Deutschlandbildes klingt zunächst versöhnlich: Das alte Geschlecht der Heuchelei mit „seiner Lügenkrankheit" werde absterben. Der Dichter werde sich an seinem „Sonnengemüte" (XXVII/16) und damit an der Wahrheit wärmen. Damit gelinge auch die Rückbesinnung auf Aristophanes, den Dichter der Antike, der seine Zeit mit derbem Spott bloßgestellt hatte.

Doch bald überwiegt Heines nachdenkliche Sicht: Er befürchtet in der Entwicklung Deutschlands die gleiche Situation, wie er sie im Vorwort beschrieben hat: Auch wenn die Werke des Aristophanes auf deutschen Bühnen gefeiert würden, wäre er vor Verfolgung nicht sicher.

Da sich nichts geändert habe, erteilt Heine ganz offiziell seinem König den Rat, die toten Dichter zu verehren, die lebenden zu schonen (XXVII/55–56), was in der Aufforderung gipfelt: „Beleid'ge die Götter, die alten und die neu'n ... /Beleid'ge nur nicht den Dichter!" (XXVII/61 und 64). Damit spielt er ironisch auf dessen geistige Waffen an. Gleichzeitig gelingt ihm mit doppelter Ironie an das zu erinnern, was der italienische Dichter Dante Alighieri (1265–1321) in seinem Werk *Göttliche Komödie* geschildert hat: Höllenqualen, aus denen „kein Gott" mehr retten könne – das gelte aber auch für die Qualen, die entstehen, wenn man in die „schrecklichen Terzetten" des Dichters eingesperrt sei – ein Hinweis auf die einförmig plumpen Verse Dantes.

Deutschland. Ein Wintermärchen als ironische Weiterführung der *Divina Commedia* Dantes

Heines Versepos *Deutschland. Ein Wintermärchen* lässt sich somit auch als ironische Weiterführung der *Divina Commedia* Dantes erkennen.

2.3 Aufbau

Am 17. April 1844 schrieb Heine in einem Brief an seinen Verleger Julius Campe über sein Versepos *Deutschland. Ein Wintermärchen*: „Es ist ein gereimtes Gedicht, welches ... die ganze Gärung unserer Deutschen Gegenwart in der kecksten, persönlichsten Weise ausspricht."

In 27 Einzelgedichten wird äußerlich in gleichförmiger Weise ein Reiseweg

In 27 Einzelgedichten

mit seinen Stationen und deren Besonderheiten beschrieben. Dabei enthalten die einzelnen Gedichte unterschiedlich viele Strophen, von denen jedoch jede vierzeilig ist. Das Reimschema a – b – c – b lässt sich in den meisten Fällen erkennen. Damit entspricht der Strophenbau der volkstümlichen deutschen Lyrik, wie sie sich im Volkslied und in der Balladenform der Romantik zeigt. Überwiegend besitzen die Strophen in Vers 1 und 3 jeweils vier, in Vers 2 und 4, die sich reimen, jeweils drei betonte Silben.

Unabhängig von dieser Form gestaltete Heine gewagte Reime oder holpernde Verse, was jedoch die Natürlichkeit und gleichzeitig eine humoristische Variante betont. Dass er seine scheinbare Unbeholfenheit gezielt einsetzte, sieht man daran, dass er bei bestimmten Stellen die Aufmerksamkeit des Lesers in besonderer Weise erzwingen will. Das hatte bereits sein Verleger Campe erkannt und sogar bewundert und in seinem Brief vom 25. Oktober 1844 an Heine festgehalten:

„Die Esel von Kritikern oder halb Wissern, wagen auszusprechen (wie die Augsburger Allgemeine) dass Sie Formfehler im Versbau Sich zuschulden kommen ließen. Die Esel merken nicht, dass dieses Kunststückchen sind! Die ihnen keiner nachmachen kann" [12].

---

12 zit. nach Bellmann (1980), S. 12

Der innere Aufbau zeigt eine Spannungskurve

Der innere Aufbau zeigt von Beginn an eine Spannungskurve auf: Die Rückschau auf ein Ereignis, noch dazu im „traurigen Monat November", muss auf einen Höhepunkt gelenkt werden. Sicher sind die Einzelerlebnisse, z. B. in Köln und Minden, für den Zustand deutscher Verhältnisse kennzeichnend, dennoch wird deutlich, dass der Weg mit seinem Ziel Hamburg auch eine innere Lösung vor sich hat: Nicht so sehr die Begegnung mit der Mutter, vielmehr ist es die Zusammenkunft mit der „Göttin" Hammonia, die dem Reisenden letztlich den Weg weist. Daher kann er in Hamburg sogar mit Gelassenheit auch die ihn jetzt nur scheinbar bedrohende Gestalt des Zensors betrachten.

2.4 Personenkonstellation und Charakteristiken (s. auch 2.5)

Die Personen, die im Verlauf des Textes auftreten, werden nur mit marginalen Einzelheiten negativ gekennzeichnet. Charakteristiken **Kein echtes Handlungsgefüge**
im üblichen Sinn dieses Kapitels lassen sich von den Personen des *Wintermärchens* nicht erstellen. Auch ein echtes Handlungsgefüge lässt sich nicht herstellen, da es sich dabei entweder um Amtspersonen, wie z. B. den Zensor Hoffmann oder Kaiser Friedrich Wilhelm IV. handelt, oder um historische Gestalten, die ohnedies nur aus der Entfernung gesehen werden können. Sie sind meist nur plakativ und ohne kritische Rückfrage mit negativen Merkmalen gekennzeichnet. Ein Handlungsgeflecht konnte auch daher nicht beabsichtigt gewesen sein, da Heine auf das, was ihn offensichtlich abgestoßen hatte, zurückschaut und aus dieser Perspektive sein Urteil über Deutschland fällt.

Nur Hammonia, die zwielichtige und gleichzeitig mütterlich für den Reisenden sorgende Gestalt, zeigt in Caput XXVI Ansätze eines Handelns: Sie bittet den Reisenden, bei ihr zu bleiben und die Vergangenheit zu vergessen: „Den Deckel darauf! Damit uns nicht/Der Missduft die Freude vertrübet".

In der Reihenfolge des Reiseverlaufes treten folgende Personen auf:

- Ein kleines Harfenmädchen als Allegorie für Verlogenheit und falsche Romantik (I/13)
- Preußische Dounaniers, d. h. Zöllner, allerdings nur in allgemein negativer Charakteristik (II/3)
- Hoffmann von Fallersleben (1798–1874), Dichter, von Heine ironisch geistiger Widerstandskämpfer genannt (II/28)

- Karl der Große, dessen Grab sich im Dom von Aachen befindet (III/2)
- Karl Mayer (1786–1870), unbedeutender schwäbischer Dichter (III/4)
- Theodor Körner (1791–1813), schwäbischer Dichter, den Heine als volkstümliche Gestalt belächelt (III/20)
- Johanna von Montfaucon, mit der Heine die romantische Sicht des Dichters August von Kotzebue (1761–1819) in dessen gleichnamigem Werk verspottet (III/43)
- Fouqué, Uhland, Tieck als Vertreter der romantischen Schule (III/44)
- Ulrich von Hutten, Humanist und Publizist, 1517 von Kaiser Maximilian zum Dichter gekrönt (IV/24)
- Jacob van Hoogstraeten (von Heine „Hochstraaten" genannt, ca. 1460–1527), Dominikanermönch in Köln, für die Scheiterhaufenverbrennungen verantwortlich (IV/27)
- Martin Luther, Reformator (IV/45)
- Die Heiligen Drei Könige als allegorische Personen, die nach Heines Auffassung im Kölner Dom überholte Machtverhältnisse darstellen (IV/79)
- Nikolaus Becker, der Verfasser des Liedes „Der deutsche Rhein" (V/20)
- Alfred de Musset (1810–1857), der auf Beckers Lied parodistisch antwortete (V/49)
- Immanuel Kant (1724–1804), deutscher Philosoph (V/66)
- Johann Gottlieb Fichte (1762–1814), deutscher Philosoph (V/66)
- Georg Wilhelm Friedrich Hegel (1770–1831), deutscher Philosoph (V/66)
- Ernst Wilhelm Hengstenberg, evangelischer Theologieprofessor, der Heine angegriffen hatte (V/72)

- Niccolo Paganini (1782–1840), Geigenvirtuose, wurde stets von einem Diener begleitet (VI/1)
- Georg Harrys, Sekretär Paganinis, Schriftsteller (VI/4)
- Napoleon, Kaiser Frankreichs (VI/5)
- Sokrates, griechischer Philosoph der Antike, ca. 470–399 v. Chr. (VI/7)
- Tacitus, römischer Geschichtsschreiber, ca. 55–116 n. Chr. (XI/2)
- Arminius (Hermann), Cheruskerfürst (XI/6)
- David Mandel, gen. Johann August Neander, Professor für Kirchengeschichte (XI/19)
- Charlotte Birch-Pfeiffer, Schauspielerin und Verfasserin von Schauspielen(XI/21)
- Friedrich von Raumer, Professor für Staatswissenschaft und Geschichte in Berlin, Mitglied der Zensurbehörde (XI/25)
- Ferdinand Freiligrath, Buchhalter, Lyriker und freier Schriftsteller, erhielt auf Empfehlung Alexander von Humboldts ein jährliches Ehrengehalt von 300 Talern von Friedrich Wilhelm IV., national ausgerichteter Dichter (XI/27)
- Flaccus Horazius, Horaz, 65–8 v. Chr., Dichter im antiken Rom (XI/28)
- Friedrich Ludwig Jahn, 1778–1852, Gründer der allgemeinen Sportbewegung, gen. Turnvater Jahn (XI/29)
- Hans Ferdinand Maßmann, Germanist und Organisator des deutschen Turnwesens in Berlin, von Heine verspottet (XI/31)
- Marcus Tullius Cicero, 106–43 v. Chr., Staatsmann im antiken Rom (XI/32)
- Nero, Kaiser im antiken Rom, der durch Grausamkeit bekannt war (XI/37)

- Friedrich Wilhelm Schelling, 1775–1854, Philosoph, Vertreter des deutschen Idealismus, Geheimer Rat im preußischen Dienst (XI/41)
- Peter Cornelius, 1783–1867, Maler, hatte u. a. für König Ludwig I. in München gearbeitet, von Heine mit der Wendung „Gekackt ist nicht gemalt" verspottet (XI/43)
- Gustav Kolb, 1798–1865, Redakteur bei der *Augsburger Allgemeinen Zeitung*, hat Heines kritische Texte gedruckt (XII/55)
- Sisyphus, Gestalt aus der griechischen Mythologie (XIII/9)
- Kaiser Friedrich I., gen. „Barbarossa", d. h. Rotbart (XIV/51)
- Moses Mendelssohn, 1729–1786, deutscher Philosoph der Aufklärung (XVI/13)
- Anna Luise Karsch, 1722–1791, deutsche Dichterin, vom preußischen Hof gefördert (XVI/14)
- Marie Jeanne Dubarry, Geliebte Ludwigs XV. von Frankreich (XVI/15)
- Rebekka, altjüdischer Name, den Heine in ironischer Absicht der Ehefrau des Moses Mendelssohn verleiht (XVI/19)
- Felix Mendelssohn-Bartholdy, 1809–1847, Komponist und Leiter des Gewandhaus-Orchesters Leipzig (XVI/22)
- Helmine Christiane von Chézy, Dichterin, die Heine persönlich kannte (XVI/27)
- König Ludwig XV. von Frankreich (XVI/33)
- König Ludwig XVI. von Frankreich, wurde enthauptet (XVI/35)
- Marie Antoinette, Gemahlin König Ludwigs XVI., wurde enthauptet (XVI/36)
- Karl V., deutscher Kaiser von 1519–1556 (XVII/30)
- Odysseus und Polyphem, Sagengestalten der griechischen Antike (XVIII/14-15)

- Damokles, Gestalt aus einer antik-römischen Erzählung Ciceros (XVIII/31)
- Georges Jaques Danton, 1759–1794, herausragende Gestalt in der französischen Revolution (XIX/1)
- Ernst August, 1771–1851, König von Hannover (XIX/30)
- Johannes der Täufer, Gestalt aus dem Neuen Testament, Zeitgenosse Jesus' von Nazareth (XXII/20)
- Lazarus Gumpel, Bankier in Hamburg (XXII/35)
- Julius Campe, Hamburger Verleger der Werke Heines (XXII/47)
- François Wille, Journalist (XXIII/13)
- Friedrich August Fucks, Hamburger Gymnasiallehrer, Freigeist, Kirchenfeind (XXIII/17)
- Hammonia, ursprünglich Schutzgöttin Hamburgs, bekannte Prostituierte (XXIV/5)
- Friedrich Gottlieb Klopstock, 1724–1803, deutscher Dichter (XXIV/14)
- Friedrich Lorenz Hoffmann, Zensor einiger Werke Heines (XXVI/99)
- James Rothschild, Bankier in Paris (XXVI/19)

2.5   Sachliche und sprachliche Erläuterungen

Aristophanes (S. 3)	445–388 v. Chr., galt in Athen als größter Dichter der attischen Komödien
Cervantes (S. 3)	Miguel de Cervantes Saavedra, 1547–1616, spanischer Dichter in Madrid
Molière (S. 3)	eigentlicher Name Jean Baptiste Poquelin, 1622–1673, Komödiendichter in Paris zur Zeit Ludwig XIV.
Kastilien (S. 3)	zentrale Landschaft Spaniens
Hof von Versailles (S. 3)	Regierungssitz der französischen Könige im Schloss von Versailles, 17 km südwestlich von Paris
Pharisäer (S. 3)	Angehörige einer altjüdischen und auf Gesetzestreue bedachten Partei, die an der Verurteilung Christi beteiligt waren
Schufterle (S. 5)	gemeint ist Karl Gutzkow (1811–1878); die Bezeichnung wurde Schillers Drama *Die Räuber entnommen*, worin einer der Banditen Schufterle heißt und durch besondere Grausamkeit auffällt.

Zu Caput I

November als *trauriger Monat*   Unwirtliches Wetter und zunehmende Dunkelheit in Verbindung mit dem Begriff Deutschland. Die trübe Stimmung trifft nicht nur die Stimmung des Erzählers, es ist die Stimmung in Deutschland und zugleich die begründete Angst-Stimmung.

Ein kleines Harfenmädchen sang (I/14 f.) Der Gesang in vertrauter deutscher Sprache klingt mit falscher Stimme: In das Gefühl mischt sich ein falscher Ton – damit liegt auch über Deutschland ein Misston der Lüge, nämlich der Gesang von jener besseren Welt, *wo alle Leiden schwinden*, kann sich nur als Schwindel erweisen. Hinweis Heines auf Differenz zwischen Anspruch und Wirklichkeit, da soziale und wirtschaftliche Spannungen nicht zu übersehen sind – eine Kritik, die von Karl Marx stammt.

Ein neues Lied, ein bessres Lied (I/33) Dieses Lied wird nur gedichtet, da die Errichtung des Himmelreiches auf Erden nicht Wirklichkeit sein kann. Heines Darstellung des Himmelreiches als Utopie kennzeichnet seine kirchenfeindliche Haltung.

Was die fleißigen Hände erwarben (I/39 f.) Anspielung auf die politische Parabel des Menenius Agrippa vom „Bauch und den Gliedern". Heine kehrt die Aussage um: Nicht die gegenseitige Hilfe, sondern die einseitige Ausnützung durch die Mächtigen herrscht nach seiner Sicht vor.

Zu Caput II

Zollverein (II/33)   Seit 1. Januar 1834 waren die deutschen Staaten dem unter Preußens Führung bestehenden Zollverein beigetreten; gilt als Vorbild für die Einheit Deutschlands, die Heine fürchtete, da die alten Grenzen nicht mehr Schutz vor Verfolgung bieten konnen.

Zu Caput III

Des Zopftums neuere Phase (III/34)   Schnurrbart und Zopf als Zeichen der Rückständigkeit Preußens

rheinische Vogelschützen (III/72)   Verspottung der deutschen Schützenvereine

Zu Caput IV

Klerisei (IV/21)   Gesamtheit der Priester der katholischen Kirche; gemeint ist Rückständigkeit

Dunkelmänner (IV/23)   Gegner der Inquisition, die in anonymen Briefen die Methode der Scheiterhaufen angriffen

Franz Liszt (IV/61)   Komponist (1811–1886)

Zu Caput V

Niklas Becker (V/20)	Becker (1809–1845) dichtete 1840 das Lied „Sie sollen ihn nicht haben, den freien deutschen Rhein ...".
Alfred de Müsset (V/49)	Alfred de Musset (1810–1857) veröffentlichte eine Parodie auf Beckers Lied.
Kant, Fischte, Hegel (V/66)	deutsche Philosophen: Immanuel Kant (1724-1804), Johann Gottlieb Fichte (1762-1814), Georg Wilhelm Friedrich Hegel (1770-1831)

Zu Caput VI

Vermummter Gast (VI/11)	Verkörperung des Gewissens, entspricht der Bezeichnung Spiritus familiaris; stumme Bedrohung Heines wegen dessen revolutionärer Gesinnung
Liktor (VI/67)	Amtsdiener im antiken Rom, ging dem Konsul mit einem Beil voran

Zu Caput VII

Süßigkeit / Des vaterländischen Pfühles (VII/5–6)	ironisch gemeintes weiches Federbett in der Heimat
Dass ich die Haustürpfosten bestrich/ Mit dem Blut im Vorübergehen (VII/43–44)	Anspielung an den Todesengel im Alten Testament, 2. Buch Moses
Drei-Königs-Kapelle (VII/72)	Kapelle im Kölner Dom mit Figuren der Hl. Drei Könige

Zu Caput VIII

Diligence (VIII/3)	Eilpostkutsche
Beischais' (VIII/4)	halboffener Begleitwagen der Diligence
Atlante (VIII/16)	Göttin im antiken Griechenland, die sich nach goldenen Äpfeln bückte und deshalb einen Wettlauf verlor

Und die Freiheit hat sich den Fuß verrenkt (VIII/41) Enttäuschung über noch nicht abgezogene preußische Soldaten

die englischen Würmer (VIII/46) Bezeichnung für die Engländer, die Napoleon auf der englischen Insel St. Helena begraben haben

Elysäische Felder (VIII/53) Anspielung an die Champs-Elysées in Paris, aber auch an den christlichen Erlösungsbegriff des Elysiums

Zu Caput IX

Krammetsvögel (IX/18) Wacholderdrosseln

Noch immer schmückt ... den Rüssel (IX/35–36) im übertragenen Sinn die deutschen, der preußischen Macht angepassten Dichter

Zu Caput X

Ich dachte der lieben Brüder (X/12) Verspottung der Studenten bei den Trinkgelagen der „Guestphalia", der Heine einst angehörte

Mensur (X/21)	Fechtkampf der Studenten, bei dem die Terzlinie, die von der rechten Schulter bis zur linken Hüfte reicht, beachtet werden muss

Zu Caput XI

Varus (XI/4)	Schlacht im Teutoburger Wald 9 n. Chr., in der der Cheruskerfürst Armin den römischen Feldherren Varus besiegt hatte
Vestalen ((XI/15)	Priesterinnen der römischen Göttin Vesta
Hengstenberg (XI/17)	Theologe, der Heine in der *Evangelischen Kirchenzeitung* angegriffen hatte
Haruspex (XI/17)	Priester, der aus der Lage der Eingeweide der Opfertiere die Zukunft voraussagte
Wahrheitsfreunde (XI/33)	Kritiker veröffentlichter Werke

Zu Caput XII

Hofrat in der Lämmerhürde (XII/38)	Gemeint ist Franz Dingelstedt, der wegen seiner kritischen Haltung aus dem Schuldienst entlassen wurde.

Zu Caput XIII

Sisyphus (XIII/9)	Sisyphus musste nach der antiken Sage einen Stein vergeblich bergan wälzen.

Der Danaiden Tonne (XIII/10) Nach der Sage mussten Töchter des Danaos wegen der Ermordung ihrer Männer eine durchlöcherte Tonne mit Wasser füllen.

Zu Caput XIV

Das ist der Schlussreim des alten Lieds (XIV/5) Anspielung an eine Volksballade mit dem Schlussvers „Sonne, du klagende Flamme"

Feme (XIV/15) Geheimgericht des Mittelalters, das erst zu Beginn des 19. Jhs. durch rechtmäßige Gesetzgebung ersetzt wurde

Königstochter (XIV/30) Anspielung auf das Grimm'sche Märchen *Die Gänsemagd*, in dem eine Königstochter klagt: „O du Falada, da du hangest"

Kyffhäuser (XIV/57) Kulpenberg zwischen Harz und Thüringer Wald, 486 Meter hoch

Marstal (XIV/61) Stall für Pferde, Wagen und Geschirr

Die Mörder, die gemeuchelt einst (XIV/109) Hinweis auf die Rechtsunsicherheit in der vornapoleonischen Zeit

Zu Caput XV

Es reiten drei Reiter zum Tore hinaus (XV/7) Anspielung auf ein Lied aus *Des Knaben Wunderhorn*

Kuriosa (XV/20) Besonderheiten, die ein Antiquar in seinem Angebot hat

Ich warte, bis die Zahl komplett (XV/65)   Kriegsvorbereitungen, die wegen der fehlenden Mittel verschoben werden

Zu Caput XVI

Wohl seit dem Siebenjährigen Krieg (XVI/11)   Europäischer Krieg 1756–1763, der die Vormacht Preußens sicherte

Das Guillotinieren (XVI/45)   Hinrichtung mit dem Fallbeil in der Französischen Revolution

Das beste wäre, du bliebest zu Haus (XVI/93)   Hinweis auf die Überflüssigkeit des deutschen Kaisers

Zu Caput XVII

Die Eichen schüttelten ernsthaft das Haupt (XVII/14)   Die Eiche als Symbol des Deutschtums kann Widerstand nicht dulden.

Doch komme du bald, mein Kaiser (XVII/20)   Sehnsucht nach dem richtigen Kaiser, mit dem der König von Frankreich gemeint ist

Das peinliche Karls des Fünften (XVII/30)   Gesetzbuch von 1532 für Strafrecht/Strafprozesse

Von gotischem Wahn (XVII/43)   Ausmaße des Kölner Domes

Zu Caput XVIII

Odysseus (XVIII/14)   Held in der *Odyssee*, der den Polyphem blendete und somit eine Gefahr beseitigte

Damokles (XVIII/31)   Höfling des Tyrannen Dionysios

Faubourg-Poissonnière (XVIII/40)   Straße in Paris, in der Heine mit seiner Frau wohnte

Er fraß mir die Leber aus der Brust (XVIII/59) Anspielung an das Schicksal des Titanen Prometheus

Zu Caput XIX

Mitnehmen kann man das Vaterland (XIX/3) Anspielung an Danton, der die Flucht aus Frankreich ablehnte. Heine nimmt bei seiner Reise sein Vaterland mit.

Dort wohnt der König (XIX/23) Ernst August hatte seine Residenz in Hannover.

Rotröcke (XIX/27) Soldaten in Hannover

Spleen (XIX/43) Geisteskrankheit

Lavement (XIX/47) Abführmittel für Hunde

Zu Caput XX

Die deutsche Gans (XX/37) Deutsches Essen ist nicht so gut wie französisches; gemeint ist der deutsche Reichsadler, den Heine verachtet.

Auch haben sie bessere Soßen (XX/40) Mit Soßen meint Heine die Zugabe zum Reichsadler und damit das Volk.

Zu Caput XXI

Zur Hälfte abgebrannt (XXI/1) Folgen des Hamburger Großbrandes vom 2.–8. Mai 1842

Druckerei der „Reisebilder" (XXI/9–10) Druckereien „J. G. Langhoffs Erben" und „Conrad Müller Wwe.", in denen die *Reisebilder* gedruckt wurden

Austernkeller (XXI/11)   berühmtes Restaurant in Hamburg
Pavillon (XXI/15)   Kaffeehaus am Jungfernstieg
Kalkuten (XXI/65)   Truthähne

Zu Caput XXII
Die alte Gudel (XXII/13)   Freudenmädchen aus vergange-
                               nen Jahren
Papierverkäufer (XXII/18)   Eduard Michaelis
Auch meinen alten Zensor (XXII/25) Friedrich Lorenz Hoff-
                               mann (1790–1871) hatte den ers-
                               ten Band der *Reisebilder* und die
                               Schrift *Über den Denunzianten*
                               zensiert.

Zu Caput XXIII
Keller von Lorenz (XXIII/4) Feinschmeckerlokal
Chaufepié (XXIII/11)   Arzt und Studienfreund Heines
                               (1801–1856)
Drehbahn (XXIII/57)   Hamburger Dirnenstraße
Kleine Mamsell (XXIII/105)   Dirnen in Paris
Hammonia (XXIII/107)   Schutzgöttin Hamburgs; gleichzei-
                               tig erkennt der Reisende eine alt-
                               bekannte Dirne.

Zu Caput XXIV
Sahltrepp' (XXIV/1)   niederdeutsch: Flurtreppe.
Der Sänger (XXIV/11)   Friedrich Gottlieb Klopstock, der
                               Verfasser des Versepos *Der Messias*
Menzel und seine Schwaben (XXIV/84) Heine äußert sich wie-
                               derholt abfällig über den Litera-
                               turhistoriker Menzel und die eta-
                               blierten schwäbischen Dichter.

Zu Caput XXV

Sylphiden (XXV/18)   Dirnen, die Geschlechtskrankheiten übertragen

Hoffmann wird älter und milder (XXV/30)   Hinweis auf die Lockerung der Zensur in Deutschland

Selbstentleibung (XXV/40)   Anspielung des Dichters auf Selbstmord, durch den man Freiheit erhält.

Freiligraths Mohrenkönig (XXV/64)   Verspottung von Freiligraths Gedicht *Der Mohrenfürst*

Zu Caput XXVI

in die Krone/Stieg ihr der Rum (XXVI/2–3)   Im Rausch kann Hammonia die Zukunft Deutschlands erklären.

Miasmen (XXVI/36)   giftige Dämpfe

Aus sechsunddreißig Gruben (XXVI/52)   Einzelstaaten Deutschlands als übel riechende Gruben

Rosenöl und Moschus (XXVI/56)   Anknüpfung an einen Ausspruch von Louis Antoine de Saint-Just, wonach man die große Krankheit, d. h. die Revolution, nicht mit Rosenöl und Moschus heilen könne.

Zu Caput XXVII

An seinem Sonnengemüte (XXVII/16)   Der Dichter wird sich an der Wahrheit wärmen. Die Sonne ist Heine stets Symbol für eine Zukunft.

Kennst du die Hölle … ///kein Gott mehr retten (XXVII/81–84)
Anspielung an die einfältig-plumpen Verse des Dante, wobei seine Verse auch Höllenqualen verursachen.

2.6 Stil und Sprache als Vehikel der Ironie

Zunächst fällt ein Gegensatz auf: Das „Vorwort" zum *Winter-märchen* bedient sich der normalen Prosa, also der für theoretische Sachverhalte geeigneten Sprachform. Diese Form benutzt Heine, um für den Leser eine Hilfestellung vorauszuschicken und gleichzeitig seine Angriffe zu erklären.

Virtuoser Umgang mit dem Wort

Dabei kann Heine schon hier seinen virtuosen Umgang mit dem Wort nicht verleugnen, was sich vor allem bei der Verwendung von Bildern und Vergleichen, aber auch von Metaphern zeigt. Die „Schellen des Humors" oder die „Standarte" des freien Menschentums sind dafür beispielhaft und ermöglichen es, neben der konkret beabsichtigten Aussage noch eine zusätzliche Stimmung zu vermitteln. Wenn er nicht nur unüberbrückbare Gegensätze und somit auch Widersprüche menschlicher Situationen aufzeigt, so beweist er damit auch seine Überlegenheit über die in dem Werk angesprochenen Sachverhalte. Das beginnt schon bei der scheinbar harmlosen Anfangsstrophe: Dass sich Heine als politisch Verfolgter weder vom Wetter noch von der Stimmung einer Jahreszeit beeinflussen ließ und seine absichtsvolle Schilderung als Waffe gegen die misslichen Verhältnisse in Deutschland gezielt einsetzte, kann nicht bestritten werden. Da er gleichzeitig mit polemischer Schärfe argumentiert und seine Argumente mit Bildern unterlegt, werden diese Sprachbilder inhaltlich konkret. Nur äußerlich vermittelt er den Anschein, seinen Reiseweg aus der Sicht des unerfahrenen Neulings darzustellen. Seine Wertungen und damit die Ergebnisse seiner Beobachtungen standen schon vor Reiseantritt fest, so dass er die Reise nur als Vehikel für seine kritischen Anmerkungen über den Zustand Deutschlands benötigte. Dadurch gewinnt seine Darstellung einen Prozesscharakter und ermöglicht sogar die „Hineinnahme der Selbstkritik in das Werk"[13]. Dabei setzt er einen wissenden Leser voraus, der sich nicht nur in ähnlichem Gedankenumfeld befindet, sondern mit ihm übereinstimmt. Nur so lässt sich z. B. seine Wendung von „literarischen Strauchdieben" verstehen, die in den „böhmischen Wäldern unserer Tagespresse" ihr Unwesen treiben.

Ein weiteres sprachliches Verfahren seiner Ironie kommt hinzu: Wenn er im Ton des Volksliedes mit beißendem Spott seine Beobachtungen kommentiert, wird durch die scheinbar harmlose, d. h. liedhafte Sprache die Differenz von Anspruch und Wirklichkeit noch schärfer aufgezeigt.

> Differenz von Anspruch und Wirklichkeit

Im Versepos wird oft, wie es in ähnlicher Weise bei vielen anderen lyrischen Gedichten zu beobachten ist, ein überraschender Bedeutungswandel vollzogen. (vgl. dazu 2.3)

An dem Gedicht *Es haben unsre Herzen ...* lässt sich dieses Vorgehen erkennen:

> *Es haben unsre Herzen*
> *Geschlossen die heilge Allianz;*
> *Sie lagen fest aneinander*
> *Und sie verstanden sich ganz.*
>
> *Auch, nur die junge Rose,*
> *Die deine Brust geschmückt,*
> *Die arme Bundesgenossin,*
> *Sie wurde fast zerdrückt.*
> *(Neue Gedichte. Neuer Frühling,* Nr. 24)

Heines Gedankenführung wird hier offenkundig:
Die inhaltliche Wandlung, die sich von der geistigen Übereinstimmung zweier Herzen bis zum Zerdrücken einer Rose, die

---

13 vgl. Hoffmeister, S. 114 ff.

nunmehr als Bundesgenossin eine zweckgebundene Funktion erfüllt, erhält hier nicht nur die Aufgabe der Entzauberung der Eingangsstimmung, sondern bewirkt auch eine ironische Distanz: Sie entfernt sich von der lyrischen Anfangsstimmung und gelangt zur prosaischen Erkenntnis, dass das stimmungsvoll Glatte in dieser Weise nicht haltbar sein kann und ins Triviale abgleiten muss. Damit vermeidet es Heine, sich mit seiner kunstvoll aufgebauten Stimmung identifizieren zu müssen. Seine Stimmungsgehalte, die sprachlich begründet sind, sprengen somit das rein Romantische, weil sie Brechungen aktueller Vorgänge sind.

Wie sich das Triviale darstellt, lässt sich bereits an der ersten Strophe aus Caput I erkennen.

Die aufgebaute Novemberstimmung wird mittels Naturschilderung von Wind und abgerissenem Laub gesteigert. Bei diesem Höhepunkt setzt die Wendung ein: die schlichte Tatsache einer Deutschlandreise. Damit – und das meint der Begriff der Ironie – ist das Geschilderte nicht der Kern der Dinge, sondern die Einkleidungsform für das eigentliche Anliegen: Das, was den Reisenden in Deutschland erwartet, erfährt er erst viel später ohne die zuvor aufgebaute Naturstimmung.

Mit seiner nur scheinbar schlichten Schilderung gelingt es Heine, sein Urteil über die vorgefundenen Verhältnisse zu begründen. Dabei verbindet er nur scheinbar gedanklich und sprachlich Triviales mit geistig-kulturellen Sachverhalten und deckt gleichzeitig Widersprüchliches auf. Mit der dadurch entstehenden Ironie holt er die – zu seiner Zeit sicher nur verhohlenen – Lacher auf seine Seite: Zu Beginn von Caput IX lässt sich seine Sprachtechnik deutlich zeigen: „Das ist der Teutoburger Wald,/Den Tacitus beschrieben,/Das ist der klassische Morast,/Wo Varus stecken geblieben." Das Klassisch-

Heine deckt Widersprüchliches auf

Erhabene des typisch deutschen Waldes gerät in die Nähe der Zustandsbeschreibung „Morast" – ein Bild, das für das gesamte *Wintermärchen* Bedeutung erhält: Deutschland als Morast, als Sumpf an Falschheit, geschildert in der Sprache anschaulicher Deutlichkeit.

Wie sehr sich Heine um diese Deutlichkeit bemüht, beweisen die unmittelbar folgenden Verse: „Hier schlug ihn der Cheruskerfürst,/Der Hermann, der edle Recke;/Die deutsche Nationalität,/Sie siegte in diesem Drecke." Die Frage, wie es mit der deutschen Nationalität beschaffen ist, wenn sie im „Drecke" siegte, d. h. die Frage, um was für einen Sieg es sich dabei gehandelt haben muss, erläutert Heine mit Hilfe dieser ironischen Gedankenverbindung: Dreck als Voraussetzung der deutschen Nationalität. Wie sehr der tatsächliche Geschichtsverlauf mit sprachlichen Mitteln parodiert wird, zeigt sich unmittelbar danach: „Wenn Hermann nicht die Schlacht gewann,/Mit seinen blonden Horden,/So gäb' es deutsche Freiheit nicht mehr,/Wir wären römisch geworden!"

Auch hier der Gegensatz von „deutscher" Freiheit im Jahre 1844 mit Zensur und Grenzen zwischen deutschen Staaten und römischer, d. h. für Heine liberaler Lebensweise. Dieser Gegensatz wird jedoch wieder durch scheinbar Nebensächliches erreicht: Heine spricht von „deutscher Freiheit" und damit eindeutig von Einengung. Dass er nicht von „römischer Freiheit" spricht, zeigt seine Erkenntnis, wonach mit dieser sprachlichen Übereinstimmung ein echter Gegensatz nicht zu erzielen ist. Damit gelingt es, mit wohllautender Eleganz dem vordergründig Angenehmen die Maske zu entreißen und die Verzerrung der Welt aufzuzeigen.

2.7   Interpretationsansätze

Politische Dichtung weist den Leser in eine genau festgelegte Richtung: Der dargestellte Sachverhalt soll verglichen werden

a) mit tatsächlich vorhandenen Verhältnissen,
b) mit offiziell postulierten Verhältnissen,
c) mit persönlich erstrebenswerten Verhältnissen,
d) mit real erreichbaren Verhältnissen.

Dass sich gerade beim *Wintermärchen* die Kluft zwischen Anspruch und Wirklichkeit aufzeigen lässt, liegt nicht nur an den zur Entstehungszeit herrschenden politischen und sozialen Verhältnissen, sondern an dem Blickwinkel Heines.

Zu a)
Bereits die im Vorwort ironisierten Zustände in Deutschland bedürfen einer Klärung: Dem damals herrschenden historischen Entwicklungsstand gegenüber zeigte sich Heine in unmissverständlicher Weise nicht nur ablehnend, sondern es fehlte ihm offensichtlich der Blick für die nur mühsam vorankommende Entwicklung eines Staates, dessen Entstehung unter schwierigen Vorzeichen gesehen werden muss. Wer als

Missverhältnis von offiziellen Verlautbarungen und deren praktischer Umsetzung

Liberaler, als Denker und vor allem als Satiriker den Blick auf damalige wirtschaftliche und politische Verhältnisse richtet, wird stets das Missverhältnis von offiziellen Verlautbarungen und deren praktischer Umsetzung vorfinden. In Deutschland herrschte unter der preußischen Vormachtstellung zumindest eine äußere Ordnung, die den Bürgern Sicherheit und Schutz bot.

Zu b)

Der von Heine ironisierte Patriotismus in Deutschland entstand als Reaktion auf Napoleons angestrebte Vorherrschaft in Europa, nachdem dieser 1804 offiziell als französischer Kaiser installiert worden war. Nach der Völkerschlacht bei Leipzig vom 16. bis 19. Oktober 1813 und dem damit verbundenen Sieg von Preußen, Österreich und Russland waren Aufstieg und Vormachtstellung Preußens nicht aufzuhalten. Damit reichten preußische Einflüsse und Gesetze bis an die Westgrenze Deutschlands. Die Betonung militärischer Zucht und Ordnung stand im Vordergrund. Gleichzeitig wurde die politische Neuordnung Europas durch den Wiener Kongress geregelt: Preußen erhielt 1814 Posen, Nordsachsen und Rheinland-Westfalen.

Zu c)

Die antiliberale „Heilige Allianz" zwischen Russland, Österreich und Preußen verfestigte in Deutschland die Vormachtstellung Preußens und ermöglichte eine strenge Gesetzgebung hinsichtlich antipreußischer Verhaltensweisen. Die Zensur, unter der Heine litt, war Bestandteil dieser Gesetze. Der „Deutsche Bund" von 1816 unter österreichischer Führung ermöglichte die Umsetzung der Gesetze und die Kontrolle offizieller Organe und Publikationen. So wurde die von Görres seit 1814 herausgegebene gemäßigt-liberale Zeitung *Rheinischer Merkur* schon 1816 verboten.

Zu d)

Wie weit die persönlichen Lebensverhältnisse der einzelnen Bürger von den seit dem Wiener Kongress herrschenden Maßnahmen nachteilig betroffen wurden, lässt sich nur aus der Sicht exponierter Persönlichkeiten ermitteln.

Heines liberale, preußen- und kirchenfeindliche Haltung

Heines liberale, preußen- und kirchenfeindliche Haltung ließ sich nicht mit den Ansprüchen des Obrigkeitsstaates in Einklang bringen. Seine vom Elternhaus mitgebrachte Laisser-faire-Gesinnung passte nicht zum preußischen Denken und erzeugte fortwährenden Widerspruch zu den deutschen Verhältnissen. Somit genügte ihm das real Erreichbare in Deutschland nicht.

3.   Themen und Aufgaben

Die Lösungstipps beziehen sich auf das *Winter-märchen.*

---

1. Thema: Humanität und Menschenwürde   *Lösungstipps:*

▶ Erklären Sie Heines kritisches Verhältnis zu Deutschland und Frankreich und kennzeichnen Sie seine Vorstellungen.   *Vorwort S. 4 f.*

▶ Zeigen Sie Heines Hoffnung für die moralisch-geistige Entwicklung des Menschen auf.   *XXVII/5–8*

▶ Beurteilen Sie den Rat, den Hammonia ihrem Besucher gibt und vergleichen Sie ihn mit Heines Vorstellungen (s. o.)   *XXVI/69–76*

---

2. Thema: Vaterlandsliebe   *Lösungstipps:*

▶ Wie begründet Heine seinen Patriotismus?   *Vorwort S. 5*

▶ Zeigen Sie Heines Ansicht und besonders seine Kritik am Patriotismus auf.   *III/19–20 und 42*

▶ Erkunden Sie, ob Heine seine Reise nach Deutschland mit der *Odyssee* vergleichen könnte.   *XVIII/1–3 und 13–16*

---

3. Thema: Preußischer Geist und Militarismus

Lösungstipps:

▶ Heine äußert sich über den preußischen Geist. Wird er der Situation des damaligen Reiches gerecht? *III/21–40*

▶ Heine äußert sich zum Verhältnis zwischen Deutschland und Frankreich. Hat ihn die Geschichte bestätigt? *V/20–24*

▶ Was stört Heine an Erscheinungsweisen des deutschen und französischen Militärs? *III/17–24 und V/57–64*

▶ Heine sieht für die Franzosen und das französische Militär eine Gefahr. Ist diese realistisch? *V/61–72*

▶ Heine glaubt von einem „Spiritus familiaris" beschattet zu werden. Worauf lässt sich dies zurückführen? *VI/1–8 und VI/69–72*

4. Thema: Zuwendung zu irdischen Genüssen

Lösungstipps:

▶ Das Harfenmädchen singt mit falscher Stimme. Warum wird sein Lied als leere Versprechung dargestellt? *I/13–32*

▶ In welcher Weise wird die deutsche Küche mit zweideutigen Aussagen in Verbindung gebracht? *IX/5–35 und XX/25–40*

▶ Heine lobt trotz Vorbehalten seinen Verleger Campe. Welche Absicht lässt sich daran erkennen? *XXIII/5–36*

Der Besuch bei Hammonia führt Heine zu *XXIV/77–80* neuen Erkenntnissen. Beschreiben Sie diese. *und XXV/77–* *XXVI/ 100*

Zu welcher Hoffnung führt der Aufenthalt *XXVII/9–16* bei Hammonia?

5. Thema: Heines Erkenntnis zur Situation in Deutschland

Lösungstipps:

Hammonia versucht den Besucher bei sich *XXVI/69–96* zu halten. Zeigen Sie ihre Beweggründe auf.

Erwartet Heine eine Verbesserung der geisti- *XXVII/49–52* gen Situation in Deutschland?

Suchen Sie Beispiele für Heines Ironie. *XXVII/37–40* *und 81–84*

Heine führt Dantes Höllenqualen an, obwohl *XXVII/65–80* er religiöse Sichten verspottet. Wie lässt sich das begründen?

Welche Macht weist Heine dem Dichter zu? *XXVII/57–* *604.*

4.   Rezeptionsgeschichte/Materialien

Auf Grund der herrschenden Zensurbestimmungen musste das *Wintermärchen* zunächst zusammen mit der Sammlung *Neue Gedichte* gedruckt werden, um den zensurfreien Umfang von 20 Bögen zu erreichen. Nachdem Heine seinem Hamburger Verleger Julius Campe mit einem Brief vom 20. Februar 1844 sein Reise-Epos mit den geplanten 20 Gedichten angekündigt hatte, antwortete dieser am 22. April 1844, dass er zwar an dem Werk interessiert sei, es jedoch zuvor würdigen möchte, da er es Karl Sieveking (1787–1847), dem Vorstand der Hamburger Zensurbehörde, vorlegen wolle. Im Gegensatz zu dem ebenfalls in Hamburg tätigen Zensor Friedrich Lorenz Hoffmann (1790–1871) sei Sieveking großzügiger. Trotz der Zuversicht Campes, die Herausgabe des *Wintermärchens* ermöglichen zu können, war Heine vorsichtiger. Er wusste, dass eine Einzelausgabe die Zensur nicht überstehen würde. Nach einer ausgedehnten und z. T. kontroversen Korrespondenz mit Campe übersandte Heine am 5. Juni 1844 das Manuskript mit dem Hinweis, dieses noch einmal gründlich überarbeitet zu haben. Dabei sei alles gestrichen oder geändert worden, was Anstoß erregen könnte. Nachdem Heine sein Manuskript übersandt hatte, antwortete ihm Campe am 10. Juli 1844, dass er viel für dieses Gedicht zu leiden haben werde. Tatsächlich wollte Heine noch im Juli 1844 seinen Verleger davon überzeugen, sein Gedicht drucken zu lassen. Schließlich wurde als neutraler Gutachter der Journalist François Wille (1811–1896) hinzugezogen. Von diesem stammt auch die Information, dass Campe eigentlich zögerte, den Druck ausführen zu lassen, da die Kritik und die öffentliche Meinung empört reagieren würden. Nur auf Willes begeistertes Urteil war es schließlich zurückzuführen, dass das *Wintermärchen* trotz aller Bedenken gedruckt werden konnte.

Dem Vorsitzenden der Zensurbehörde, Karl Sieveking, war es zu verdanken, dass der Zensor Hoffmann recht zurückhaltend blieb. Ausschlaggebend dafür war, dass nicht nur Campe, sondern auch Heine selbst mit Hoffmann über sein Werk gesprochen hatte. Abgesehen von einigen Streichungen, die sich auf König Ernst August von Hannover, den Historiker Raumer oder den preußischen Adler bezogen, konnte das Versepos endlich in Druck gehen.

Am 9. Oktober 1844 meldete die Zeitung *Vorwärts! Pariser Deutsche Zeitschrift*, dass Heines neueste Gedichte bei seinem Verleger zur Versendung bereit lägen.

Zwischen dem 19. Oktober und dem 30. November wurde das *Wintermärchen* im *Vorwärts* abgedruckt, wobei die Vorbemerkung des Herausgebers von einem der besten Werke Heines spricht.

Im 19. Jh. war die Meinung über das *Wintermärchen* nicht einheitlich. Dass es mit *Atta Troll* verglichen und diesem Versepos gegenüber abgewertet wurde, zeigt, dass der Blick überwiegend auf die erkennbaren Gestalten und auf Zustände gerichtet war, die noch greifbar schienen. Dass Heines Anliegen weit über den aktuellen politischen und sozialen Alltag hinausging, wurde z. T. übersehen.

In der Gegenwart erfährt das Werk Heines und vor allem das *Wintermärchen* große Beachtung. Allerdings wird es immer noch mit der Romantik in

> In der Gegenwart erfährt das *Wintermärchen* große Beachtung

Verbindung gebracht, eine Sicht, die dem *Wintermärchen* nur teilweise gerecht wird.

Zahlreiche Einzeluntersuchungen beschäftigen sich mit politischen und sozialen Themen. Einen Überblick über den Stand der Forschung und über die Einzelthemen der Betrachtungen gibt Karlheinz Fingerhut [14]. Sowohl allgemeine Grundlagen zur

---

14 Fingerhut (1992), S. 99 ff.

Geschichte Deutschlands zwischen 1815 und 1848 als auch Erläuterungen zum Text regen zu vertieftem Studium an.

Gleichzeitig wird ein Überblick über die Rezeptionsgeschichte bis in die Gegenwart gegeben, wobei der Unterschied zwischen der ehemals offiziellen sozialistischen und der westlichen Sicht die verschiedenen Interpretationsansätze aufzeigt.

In ähnlicher Weise verfährt Werner Bellmann mit seinen Erläuterungen und Dokumenten[15]:

Nicht nur Rainer Maria Rilkes vorsichtiges Eingehen auf das Werk wird angeführt, vielmehr kommen wissenschaftliche Darstellungen zu Wort:

Richard M. Meyer sieht die Romantik im Gegensatz zu *Atta Troll* nicht deutlich genug und vermisst eine „Poesie des Rheins".

Friedrich Hirth betont die genaue Darstellung der Ereignisse von 1840 bis 1843 und bestätigt Heines Auffassung, wonach der Tendenzpoesie mit diesem Werk der Todesstoß versetzt wurde.

Alfred Döblin nennt das *Wintermärchen* eine allgemeine politisch-menschliche Auseinandersetzung mit diesem Land.

Herman Kesten würdigt es 1944 aus seinem New Yorker Exil als eines der großen Poeme der Weltliteratur, wobei er die Parallele zu Deutschland von 1944 zieht.

Walter Muschg sieht in dem Werk das schlimmste Pamphlet, das je gegen die Deutschen gerichtet wurde. Wie Nietzsche wüte Heine im Grunde gegen sich selbst.

Aus marxistischer Sicht ist für Georg Lucács das *Wintermärchen* die größte und bedeutendste Dichtung Heines. Dabei sei das Grundproblem vor allem der Kampf gegen die Romantik.

Der DDR-Schriftsteller Werner Neubert bezeichnet das Werk als großartigste politisch-lyrische Rezension der deutschen Zustände nach 1813.

---

15 Bellmann (1980), S. 126 ff.

Der Literaturwissenschaftler Jost Hermand stellt fest, dass man in der Bundesrepublik Deutschland zwanzig Jahre nach Kriegsende dem *Wintermärchen* aus dem Weg gegangen sei.

Es fehlte auch nicht an Nachdichtungen zur Zeit Heines: So wurde im Mecklenburgischen *Volksbuch* die Satire *Schwerin, ein Sommermärchen aus der Zeit der Postkutsche* abgedruckt.

Auch Heines Arzt Wolfgang Müller von Königswinter nahm sich des Deutschland-Themas an, verfasste aber ein patriotisches Gegenstück.

In ähnlicher Weise wie Heine gestaltete Johannes R. Becher 1934 das Gedicht *Deutschland. Ein Lied vom Köpferollen und von den „nützlichen Gliedern".*

Erst nach seiner 1979 erfolgten Ausbürgerung aus der DDR konnte Wolf Biermann sein *Wintermärchen* in Westdeutschland veröffentlichen. Dabei knüpft er an die Sicht von Johannes R. Becher an, verlegt aber seine Erfahrungen und Begegnungen in die Hamburger Unterwelt, wo er z. B. den Genossen Thälmann trifft.

Literatur

Heine, Heinrich: *Deutschland. Ein Wintermärchen.* Hrsg. von Werner Bellmann. Stuttgart 1991 (ergänzte Ausgabe, RUB 2253).
(Nach dieser Ausgabe wird zitiert.)

Bellmann, Werner: *Heinrich Heine: Deutschland. Ein Wintermärchen.* Erläuterungen und Dokumente. Stuttgart 1980 (RUB 8150).

Fingerhut, Karlheinz: *Heinrich Heine: Deutschland. Ein Wintermärchen.* Frankfurt/M. 1992;

Fingerhut, Karlheinz: *Heinrich Heine – der Satiriker.* Eine Darstellung mit Texten und Erläuterungen. Stuttgart 1991.
(Grundlegende Arbeit über die Satire bei Heine.)

Fingerhut, Karlheinz: *Deutschland und seine Wintermärchen.* Materialien zu einer Unterrichtsreiche. In: Praxis Deutsch. Zeitschrift für den Deutschunterricht, 15. Jg., Mai 1988.
(Anregungen für die Umsetzung im Unterricht.)

Frühwald, Wolfgang (Hrsg.): *Gedichte der Romantik.* Stuttgart 1984 (RUB 8230).
(Umfangreiche Zusammenstellung romantischer Gedichte.)

Hermand, Jost (Hrsg.): *Der deutsche Vormärz.* Texte und Dokumente. Stuttgart 1967 (RUB 8794).
(Erläuterung von Heines Umfeld.)

Hermand, Jost (Hrsg.): *Das Junge Deutschland*. Texte und Dokumente. Stuttgart 1966 (RUB 8703).

Hoffmeister, Gerhart: *Deutsche und europäische Romantik*. Stuttgart (Sammlung Metzler), 1978.
(Überblick über die gesamte romantische Bewegung.)

Liedtke, Christian: *Heinrich Heine*. Hamburg (Rowohlts Monographie 1290), 3. Auflage 1999.
(Vermittelt eine knappe, dennoch aufschlussreiche Biografie Heinrich Heines.)

Materialien aus dem Internet

http://gutenberg.spiegel.de/heine/gedimisc/0htmldir.htm
(Heinrich Heines ‚Zeitgedichte')

http://www.duesseldorf.de/kultur/heineinstitut
(Site des Heinrich-Heine-Instituts in Düsseldorf mit Informationen über die Heinrich-Heine-Gesellschaft, über die Bestände von Archiv, Bibliothek und Museum und über aktuelle Veranstaltungen.)

http://www.luene-info.de/heine/heinestip.html
(Site des Heinrich-Heine-Hauses in Lübeck mit Informationen zum literarischen Leben, zum Heinrich-Heine-Stipendium und zum Thema ‚Heinrich Heine in Lübeck'.)

http://heinrich-heine.com/
(Elektronische Heine-Ehrung der Stadt Düsseldorf zum Heine-Jahr 1997. Mit Links.)

http://www.heinrich-heine.net/
(Umfassend angelegte Sammlung mit Bio- und Bibliografie, Werken und Beiträgen. Von Dietmar Karlowski.)

http://www.tu-berlin.de/presse/tui/97dez/heine.htm
(„Heines Europabild als deutsch-französischer Kulturtransfer.")

Bitte melden Sie dem Verlag „tote" Links!